妈妈的话，老师的话

——孩子受用一生的珍贵礼物

臧彩英◎著

中国海洋大学出版社
·青 岛·

亲爱的孩子，老师和你的爸爸妈妈爱你的心是一样的，希望你这也好那也好，一切都好，好了再好。所以，你进步，老师高兴；你落后或者犯了错误，老师着急上火。生活酸甜苦辣，像一杯茶，像一本书，今天让我们轻轻地端起这杯茶，轻轻地捧起这本书，让我们静静地坐在桌旁，静静地聊聊天，听听老师的心里话，走近，走进你我的心。亲爱的孩子，千言万语汇成一句话——我爱你们！

▲臧老师与女儿合影

亲爱的孩子，你在一天天长大，一天天告别自己的童年、少年。你是一只在草原上奔跑的小鹿，渴望自由，向往广阔，但草原上有晴空万里也会有暴风骤雨，草原上有一马平川也会有沟有河。亲爱的孩子，好习惯的养成是一个反复曲折的过程。可能你的双耳充盈了妈妈太多“空洞”的说教，可能妈妈的言传身教还不够好，但是，有一点是肯定的，妈妈的千言万语汇成一句话——我爱你。

写在前面的话

妈妈想对你说

亲爱的孩子，都说父母是自己人生的第一任老师，教会你说话走路，教会你吃饭穿衣，关心你成长，引导你做人。

生活中我们总是有太多的冲突：妈妈不让你做这个，不让你做那个，你偏偏要去做；妈妈让你去做这个，让你去做那个，你偏偏又不去做。为什么让你去做，为什么不让你去做，有时你懂却又管不住自己，有时你不懂而又自以为懂。常常，妈妈会给你讲为什么让你做，为什么不让你做，有时三言两语言简意赅地讲，有时长篇大论引经据典地讲，有时循循善诱和风细雨地讲，有时怒气冲冲气势汹汹地讲。有时你温顺懂事得让人感动，有时你大喊大叫地抗议，有时你哭闹你委屈你不解，而更多时候你左耳朵进右耳朵出。妈妈苦口婆心，你点头称是，一转身忘得一干二净；妈妈生气冒火，你哭哭啼啼，一转身破涕为笑妈妈长妈妈短。

亲爱的孩子，妈妈知道你更喜欢那些生动活泼的童话故事、寓言故事、历史故事，你的生活你的成长因为有了这些故事而更加精彩。这些故事，包括学校里学过的每一篇课文，都告诉我们：一个人要有智慧，要有爱心，要勤劳勇敢，要不屈不挠，要……但是孩子，故事和道理知道了，并不能轻而易举地转化为行动和习惯，它们之间总是有差距，甚至有一大截子差距。妈妈发自肺腑地想用自己的知识，用自己的经验教训告诉你，我的孩子，什么该做，什么不该做，什么是对，什么是错；妈妈就是想让你改掉坏习惯，养成好习惯。妈妈知道，你只是个孩子，不记仇不记恨，只知道玩。可是，妈妈更知道，亲爱的孩子，你在一天天长大，一天天地告别自己的童年、少年。你是一只在草原上奔跑的小鹿，渴望自由，向往广阔，但草原上有晴空万里也会有暴风骤雨，草原上有一马平川也会有沟有河。

亲爱的孩子，好习惯的养成是一个反复曲折的过程。可能你的双耳充盈了妈妈太多的说教，可能妈妈的言传身教还不够好，但是，有一点是肯定的，妈妈的千言万语汇成一句话——我爱你。

老师想对你说

亲爱的孩子，老师小的时候有一首歌非常流行，那就是《童年》——

“池塘边的榕树上，知了在声声叫着夏天

草丛边的秋千上，只有蝴蝶停在上面

黑板上老师的粉笔还在拼命叽叽喳喳写个不停
等待着下课，等待着放学，等待游戏的童年
……
隔壁班的那个女孩怎么还没经过我的窗前
嘴里的历史，手里的漫画，心里初恋的童年
总是要等到睡觉前才知道功课只做了一点点
总是要等到考试后才知道该念的书都没有念
一寸光阴一寸金老师说过寸金难买寸光阴
一天又一天一年又一年迷迷糊糊的童年”

虽然已经过去了三十年，但今天重读这首歌词，好像一点也不过时。一寸光阴一寸金，寸金难买寸光阴，亲爱的孩子，我们可别“一天又一天”“一年又一年”“迷迷糊糊”过完了童年啊！所以，老师剖心剖肝地想让你们知道，童年，多么美好的时光，一定要珍惜。著名作家巴金老爷爷在八十七岁高龄时写的《给家乡孩子的信》，其中有这样两段话：

“我和别人一样，也希望看到自己的生命开花。但是我不可能再活一次。过去我浪费了不少的光阴，现在我快要走到路的尽头，剩下的日子已经不多了。我十分珍惜这有限的一分一秒。

亲爱的家乡的孩子们，我真羡慕你们。你们前面有无比宽广的道路，你们心里有那么美好的事物，爱惜你们可以使用的宝贵时间，好好地学习吧，希望在你们身上。”

亲爱的孩子，老师知道你只是个孩子，喜欢玩，但是，知识、本领不是玩出来的，不是说“书山有路勤为径，学海无涯苦作舟”吗？

亲爱的孩子，珍惜时间，珍惜你所拥有的一切美好的东西吧，别等到失去它的时候才懂得它的珍贵，譬如时间、友谊。每个人要珍惜的东西太多太多，要学习的也太多太多，除了科学文化知识，还要学习怎样做人，怎样做事。我们生活在社会中，要学会和同学相处，学会面对委屈、困难，学会冷静、忍让，学会观察、思考，学会分析问题、解决问题。

亲爱的孩子，古人云：“一日为师，终身为父”“教不严，师之惰”。多少次老师苦口婆心，多少次老师大发雷霆，其实老师和你的爸爸妈妈爱你的心是一样的，希望你这也好那也好，一切都好，好了再好。所以，你进步，老师高兴；你落后或者犯了错误，老师着急上火。

亲爱的孩子，生活酸甜苦辣，像一杯茶，像一本书，今天让我们轻轻地端起这杯茶，轻轻地捧起这本书，让我们静静地坐在桌旁，静静地聊聊天，听听老师的心里话，走近，走进你我的心。

亲爱的孩子，千言万语汇成一句话——我爱你们！

目　录　Contents

上篇　妈妈的话

下篇　老师的话

上篇　妈妈的话

zì lǐ zì lì

自理自立

一　“妈妈，陪我玩玩”

镜头回放

“妈妈，陪我玩玩。”每次你都这样央求我。偶尔我会放下手中的活或书陪你玩一会，其实也就是给你当“病人”，你当“医生”，或者给你当“学生”，你当“老师”。玩十来分钟你总是不过瘾，缠着我非要再玩。

妈妈的话

亲爱的孩子，你现在能否清晰地记得，刚刚两岁半妈妈就早早地把你送进幼儿园，因为妈妈知道你自己玩没意思，希望你可以和更多的小朋友一块玩。每天看到你从幼儿园回来快乐得像只小鸟，妈妈是多么高兴，因为你快乐妈妈也高兴。回到家，妈妈几乎把做家务之外的时间都陪着你了，就是为了让你高兴，让你快乐每一天。

妈妈给你订了《儿童画报》《幼儿智力世界》，买了各种小玩具和故事录音带。你还不识字时妈妈和爸爸轮流给你读故事，在你玩橡皮泥玩玩具的时候，妈妈给你放录音中的故事，妈妈和你一起玩拍球掷球，捉迷藏，猜谜语，画画，你的生活丰富多彩。周末爸爸妈妈带你到游乐场，到公园，到海边，我们的欢笑洒满我们到过的每一个地方。

现在你已经上学，白天你和同学一块上课学习下课活动，下午放了学你有作业要写，有琴要练，有更多的书要看。不是妈妈不陪你玩，确实是因为妈妈已经过了玩的年龄，而且妈妈有更多的事要做。你看，白天妈妈有工作要做，中午下午放了学还有家务要做，这两样都不做的时候妈妈还要看书读报。即使妈妈什么都不做，每天妈妈也会累，妈妈也有烦恼，也会生病不舒服。所以，孩子，妈妈不可能天天陪你玩；每个人都有自己的事情要做，妈妈也不可能常常陪你玩。

还记得《白雪公主与七个小矮人》吗？还记得《青蛙王子》吗？还记得《卖火柴的小女孩》吗？你听得津津有味，听了四遍五遍你还是不厌其烦。妈妈给你借了买了那么多书，书里有那么多生动有趣的故事。孩子，坐下来，读一读，你不会孤独，你会很快乐。孩子，与书为友你会觉得有朋友相伴，有书的日子像沐浴着阳光雨露。学会读书，学会利用点滴时间读书，每一天你都是充实快乐的，日积月累你还会成为一个有知识的人。妈妈不是一个很有学问的人，妈妈总会感到“书到用时方恨少”，所以妈妈特别希望你能从书中汲取丰富的知识，利用零零零碎碎的时间来读书，做一个有学问的人。

在此，妈妈送你几句读书的名人名言，希望你牢记心头：

“读一本好书，就是和许多高尚的人谈话。——歌德”

“书籍是全世界的营养品，生活里没有书籍，就好像没有阳光，智慧里没有书籍，就好像鸟儿没有翅膀。——莎士比亚”

“越是多读书，就越是感到不满足，越感到自己知识贫乏。——马克思”

孩子，生活中不是天天玩，不是常常玩，生活中也不是天天看书，时时练琴，生活中还有吃喝玩乐，生活五彩缤纷。等到周末或者假期的时候我们一块去踏青去打球，一块去海边游泳玩沙，一块去爬山吃烧烤，生活有张有弛。孩子，让我们一起享受生活的阳光快乐。

二　“我不自己睡，妈妈陪着睡”

镜头回放

早在半年前，妈妈就和你商量，等你上小学一年级就要和爸爸妈妈分开房间自己睡，你当然不同意，但讲了讲道理，你还是挺痛快地答应了。过了“六一”儿童节，天气变热，我们要按照计划让你自己睡，你哭着说：“我不自己睡，妈妈陪着睡。”好哄歹哄你终于同意了，但到了半夜你起来嚷嚷着要妈妈陪着睡。

妈妈的话

亲爱的孩子，妈妈的怀抱是你温暖的港湾，小时候妈妈抱着你搂着你哄着你。你一天天长大，总要离开妈妈的怀抱，离开妈妈的怀抱先要从自己睡开始。自己睡并不是妈妈不再搂你哄你，你还是妈妈的心肝宝贝。小动物长大了都要离开自己的妈妈，在大自然中自己生存，自己养活自己，我们人类更要这样。你小时候听过《小蝌蚪找妈妈》的故事吧？小蝌蚪刚出生就自己生活了，它们长大了，长成青蛙以后成群结队开始自己的新生活，至于会不会找到自己的妈妈，谁也不知道了。其实找到自己的妈妈又怎样呢？它们已经能独立生存了。

而我们呢，还是住在一个房子里，妈妈和以往一样，还是给你洗衣做饭，还是亲你爱你陪着你。你只是自己睡而已，让你自己睡是让你一点点地学会照顾自己，晚上自己铺被子，盖被子，早晨自己叠被子，整理房间。让你自己睡是让你呼吸更清新的空气，让你睡得更安静更香甜，宝贝。

亲爱的孩子，等你长大了你就会一天天明白，人生的开始要从小时候自己睡，自己的事情一点点地自己做，自己刷牙洗脸，自己穿衣吃饭，自己整理床被，然后有一天自己还要买菜做饭，自己面对生活的风风雨雨沟沟坎坎。但无论何时何地，妈妈爱你的心永远不变，妈妈的怀抱永远是你温暖的港湾。

三　“洗脸刷牙真麻烦”

镜头回放

“好了，到点了，洗脸刷牙洗脚睡觉去。”“每晚得洗脸刷牙洗脚，真麻烦！我不愿洗脸刷牙洗脚！还有洗头！我讨厌！”每晚你总会嘟嘟囔囔。有时你怨气冲天，有时你讨价还价，“今晚我不刷牙了”“今晚我不洗脚了”，或者“这周我不洗头了”，妈妈有时哄你，有时依随你，有时大吼小叫地吆喝你。

妈妈的话

亲爱的孩子，你知道吗？我们的脸上每天分泌很多油脂，吸附许多灰尘，如果不每天洗脸，灰尘细菌就把脸上的毛孔堵塞了，很容易长各种小痘甚至皮肤病，那时你的皮肤能白净，小脸蛋能漂亮吗？

我们的牙因为吃过晚饭后牙缝里塞满了饭渣，不及时清理，时间长了就一口大黄牙，而且还满口蛀牙，不管我们现在口里的是乳牙，还是恒牙，都会受到破坏。如果现在不好好刷牙保护牙齿，有一天你会牙疼甚至疼得拔掉牙，以至于影响吃东西，那时候后悔也来不及了，因为我们不会再长新牙了。

我们每天走路，脚在鞋子里捂着，总会出汗或者有臭味，如果直接钻进被窝，时间一长被子里、房间里会是一种什么味道呢？再说脚即使不出汗也没有味，用热水泡一泡舒筋活血，一天的疲劳烟消云散，多舒服。

洗头发和洗脸的问题其实差不多。洗头发又不是天天洗。洗的时候，让你把后脑勺的头发洗净，你嫌把腰弯得疼。想一想，亲爱的孩子，你现在还是一个小孩子，如果这个弯度都达不到，那以后年纪大了身体不就成木板了吗？身体不灵活就危险重重，不知道哪一天就跌倒摔跟头了呢。洗头发时弯弯腰正好练练身体的柔韧性呢！说不定还因为弯腰练出个体操运动员呢！

亲爱的孩子，及时清理我们身体上的灰尘，就像一个房间及时清扫，会整洁光亮，散发清香，我们就会吃饭倍香身体倍棒。而且洗脸、刷牙、洗头是些多么小的事情，这些事情又都是给自己做的。想一想，一个人连这些小事都不愿做，连给自己做的事都不愿做，他还能成就什么大事呢？孩子，这些小事天天做，也是锻炼我们自己要细心，有耐心、有恒心，有了这些好品质，才能成就一番大事业的。

四　“妈妈，给我倒洗脸水！”

镜头回放

“妈妈，给我倒洗脸水！你看你光在那坐着也不管我，光知道自己享受。”晚上让你洗脸你又一肚子的不情愿，看我坐在沙发上一边吃着苹果一边看着电视，你气不顺，哭哭啼啼地数落着我，埋怨着我，委屈极了。

妈妈的话

亲爱的孩子，还记得电视公益广告中那个小男孩给妈妈端洗脚水的镜头吗？你第一次看到的时候，也到洗手间给妈妈端来了一盆洗脚水。六岁的你小心翼翼地端着洗脚水，生怕洒出来，放到妈妈脚边，妈妈打心眼里高兴。孩子，你懂事了，懂得体谅妈妈、孝顺妈妈了。第二天你还想给我端水的时候，妈妈就没有让你做。我告诉你，妈妈能照顾自己就自己做，等妈妈需要你照顾的时候你再这样做。

孩子，小的时候你想自己倒洗脸水，妈妈不让，因为你刚刚学会走路拿东西，手脚还没有足够的力气，倒不好还弄一身水湿了衣服。现在你长大了，自己会干了，能照顾自己了，为什么非要妈妈给你倒洗脸水呢？孩子，要知道你是给自己洗脸，给自己服务啊！妈妈让你自己倒就是让你养成自己的事情自己做的好习惯。当然，如果你做不了妈妈会帮你，如果你生病了妈妈也会照顾你，这一点毋庸置疑。

孩子，偶尔妈妈帮你一次两次都行，但你不能养成依赖心理。小事靠自己，等大事解决不了的时候，再争取爸爸妈妈的帮助，争取别人的帮助。

你说妈妈享受，是的，孩子，妈妈完成了一天的工作任务，收拾完家务，吃着苹果看着电视，妈妈是在享受，妈妈在享受生活。不仅因为这些，而且因为你，妈妈的女儿，你完成了一天的学习任务，做好了自己的事情，妈妈放心省心，妈妈欣慰高兴，妈妈有个好孩子，妈妈当然要享受了。洗漱完毕，舒舒服服地睡觉休息，你不是也在享受生活吗？每个人都有享受生活的权利，孩子。同样，每个人都要靠自己勤劳的双手去创造美好生活，才能去享受啊。

五 “我要自己梳头”

镜头回放

看到别的小女孩束着个马尾扎着小辫儿再缠个红红绿绿的蝴蝶结，你喜欢得非要让我给你梳。我忙活了一顿终于给你梳起来了，梳了一顿，满头扎起几个小豆芽，因为你一直留的是个小碎发，头发太短。于是你非要留长头发。要留就自己梳头，我提出了要求。“自己梳就自己梳。”你毫不畏惧。果然每天早晨你认真仔细地梳头发扎小辫儿。

妈妈的话

亲爱的孩子，可能你觉得妈妈心“狠”，不讲道理，不管你，不爱你。你委屈，你不解，你生气。尽管这样，你还是不服输。你看，最初你只会在耳朵边梳两个小马尾，中间的杠也分不直，总是把杠左边的头发扎到杠右边，杠右边的头发扎到杠左边。现在你能把杠分直了，扎两个整齐的小马尾，还能在脑袋后梳一个高高的马尾，你还会把头发整齐地盘起来，戴上各种头花和小卡子。你由最初的吃力到现在的轻松自如，由开始的蓬松到现在的整齐清爽，由最初的笨拙到现在的心灵手巧。你不仅给自己梳也给你的布娃娃梳，你心平气和地梳，自我陶醉地梳，你胜利了，你用行动证明你胜利了，宝贝，你太棒了。没有不能做的事，就看你做不做，一个幼儿园大班的女孩能自己梳头发，一个一年级的小女孩变着花样梳头发，妈妈感到由衷地高兴欣慰。

亲爱的宝贝，现在妈妈告诉你，为什么妈妈让你自己梳洗。妈妈总觉得长头发梳麻烦，洗麻烦，而短头发干净利索、精神抖擞，梳洗还不浪费时间，夏天还凉快。早晨我们把梳理的时间省出来多睡会觉，多看会书，多背几个单词，不是很划算吗？所以，妈妈特别喜欢短头发，也就给你留了个小短发。

小孩子还不会自己梳洗，妈妈在这方面心不灵，手不巧，梳不出各种花样，总是费好长时间梳不出个好发型，你看妈妈的头发就是个例子，简简单单，妈妈觉得整齐就行。

爱美之心人皆有之，你觉得穿花裙子漂亮，妈妈让你穿，你觉得梳小辫儿漂亮你也可以梳，但是要梳小辫儿就要自己梳。你爱美追求美没有错，但是美要靠自己的努力去创造，所以妈妈让你自己梳出各种花样；自己梳头发，自己洗头发，还能锻炼手和大脑的灵活性，心灵手巧，才不会像妈妈这样笨手笨脚。

其实妈妈还担心，如果你从小光知道变着花样穿花裙子、扎小辫儿，会把很多心思花在穿衣打扮上，妈妈可不想你这样。“女孩不是因为美丽而可爱，而是因为可爱而美丽”，就是说女孩并不是有个长头发穿个花裙子就漂亮了，一个人是不是美丽要看她的内心而并不只是外表，妈妈希望你能花很多时间、精力去追求内在美、内在的东西，比如多读书、爱劳动、学本领。

亲爱的宝贝，现在你还会说妈妈不管你，不爱你吗？

六　“妈妈，我要擀皮”

镜头回放

我们都喜欢吃饺子，可饺子好吃包起来麻烦，我们平时自己包的很少，大多时候是你姥姥、奶奶包点儿我们跟着吃点儿，或者上饺子店吃点儿。今天我提议我们自己动手包饺子，你第一个响应，“妈妈，我要擀皮。”你会擀皮？“我会，我会。”好，说干就干，切菜、拌馅、和面，我们齐心协力只用了一两个小时就包出了一大盘饺子。

妈妈的话

亲爱的孩子，你心灵手巧，小小年纪就学会了擀皮，而且不怕累，一直坚持到最后，真让妈妈佩服。

你看你揉面的姿势多么专业，一小块面团在你手中收放自如，一会儿面被你揉得柔软劲道。然后你开始把面搓成团，又拿着刀切成小块，一小块一小块切得那么均匀。你把一个个小面团正反面沾上面粉，摁得扁扁的，然后擀起来。擀一下转一下，一下一下，不紧不慢，虽有些笨拙，但却不急不躁，仔细认真，让我暗暗佩服。连续擀了十几个皮，你逐渐摸索出门道来，擀的速度开始加快了，擀的皮也越来越圆了，厚薄也比较均匀了。再擀十几个你真正出徒了，基本和我包的速度同步了。你端端正正地坐着，认认真真地擀着，手累了胳膊酸了，你甩甩继续擀，也没有皱一下眉。你真行，孩子，妈妈为你叫好，真是一个爱劳动的好孩子。

妈妈做菜的时候，你也总是要主动帮着择菜洗菜，还叽叽喳喳不停地说着，像只小麻雀，而且干得一丝不苟。妈妈手把手地教你，怎么开火，怎么开油，怎么放菜翻炒，尽管你一下子没学会，而且妈妈也不会放手让你自己做，但你善于学习、热爱劳动，妈妈感到欣慰。

孩子，擀一次饺子皮坚持到最后容易，择一次菜洗一次菜做好了也容易，难的是每次都这样，做其他家务活都能这样。你高兴的时候去做能够这样，不高兴的时候去做也能够这样；你空闲的时候去做能够这样，比较忙的时候去做也能够这样；做家务活能够这样，做其他事情也能够这样。有始有终，善始善终，坚持不懈，这就是做事的品质。妈妈希望你做事情不要仅凭一时的兴趣，而要一直保持高涨的热情，热爱生活，学会生活。

但是现在，亲爱的宝贝，你还小，妈妈不想让你干，偶尔学一学，体验一下倒是可以。做家务活要占用时间，你还这么小，你要学习的东西还很多，你要学习课本知识，你要阅读课外书，你要学琴练琴，你要画画，你要看动画片，你要玩，妈妈不舍得占用你宝贵的时间。只要你把你要学的东西学好，妈妈再苦再累也心甘。但等你长大点儿，妈妈再让你一点点儿地开始自己洗衣服，洗碗、洗菜、做饭，扫地、擦地、打扫卫生，而且只要开始做了，就要坚持做下去。当然，妈妈不是把家务活全包给你，你还是学习第一，妈妈会和你一起做，妈妈教你自理自立，帮你养成爱劳动、会劳动的好习惯。

一个人自理自立，才能掌握劳动技能，才能创造美好生活。宝贝，总有一天你会长大，总有一天你要离开妈妈自己生活，你能自己做饭，自己洗衣，自己收拾家务，你的生活就会井井有条，有滋有味。

nǔ lì xué xí

努力学习

一　“老师罚我写十面”

镜头回放

“妈妈，今天作业真多。”“老师布置了什么作业？”你告诉我都是什么什么作业，我心不在焉地听着，最后你说什么什么词要写“十面”。“十面？不会吧？是不是十遍？”我以为自己听错了。“老师罚我写十面。”你老实交代了。为什么罚你写十面？“这个词我连着错了两次，老师就罚我。”我说该罚，你委屈地哭起来。

妈妈的话

亲爱的孩子，你知道老师为什么罚你吗？老师用这种方式帮你改正缺点，老师是个负责任的好老师。如果你犯了错误，老师不管不问，你能自觉去改吗？小错误不改，积少成多也会成大错误的，所以妈妈说你该罚，妈妈还要感谢老师帮助妈妈教育你呢。

孩子，你连着两次犯了同样粗心的毛病，你们班也有不少同学犯这样粗心的毛病，老师为什么只罚你自己？因为你是班干部，孩子。如果班干部和其他同学一样表现平平，那老师为什么选你当班干部？在一个工厂或企事业单位，如果哪个基层部门出了安全事故，不是也要追究他们的领导责任吗？有的被记过，有的被免职，有的甚至被拘留。老师罚你就是因为你是班干部，你是班干部老师就先拿你“开刀”，让你写十面。

事后老师找我解释，说如果中午你抓紧时间写，写多少算多少，哪怕写不完，老师也不会怪你。但是中午你写了吗？如果中午没有时间写，你跟妈妈说一声也行，起码让妈妈知道。但是你说了吗？你说你忘了。被老师罚十面你能忘了，看来你是没把自己粗心当回事，没把老师的罚当回事，那老师罚你罚得一点不为过。

你可能觉得自己犯的错微不足道，老师是小题大做。你知道粗心害死人的事吗？一个病人明明是左眼球坏死，而医生做手术时却把人家右眼球摘除，这不是天大的失职吗？小女孩本来是普通的阑尾炎，但医生却把人家的卵巢切除，永远剥夺了小女孩长大做妈妈的权利。前段时间还发生过医生手术时对病人的腿左右不分的事情。多少医疗事故都是因为粗心酿成的啊！

句子中一个标点符号的有无或者位置改变，就能产生歧义，妈妈给你举个例子："丁丁，爱妈妈不爱？"改成"丁丁爱，妈妈不爱。""不可随地小便。"改成"不，可随地小便。"多音字同义词也都可能产生歧义，如"定金"和"订金"，在财务方面必须小心再小心，和对方签订合同时如果是"定金"，不管出于什么原因合同终止，必须双倍返还对方"定金"。"还"有两个读音："huán"和"hái"，在一场官司纠纷中，有这么张字据"还欠款 25 万元"，原告公说公有理，被告婆说婆有理。你说是已经还了 25 万，还是还有 25 万没有还上？

再比如数学方面的小数点的问题，一点不同就相差十万八千里，这些老师都讲过吧？孩子，粗心不是小毛病，老师让你从小改是对你负责任啊。语文方面粗心的毛病改了，数学方面还能再犯吗？三年级改掉了，四年级、高中、大学还能再犯吗？你说粗心该不该罚？老师是不是对你负责任？是不是在帮助你？

孩子，老师罚你还因为妈妈也是老师，能够理解。别人的孩子老师不敢轻易罚，弄不好被戴上个"体罚"的帽子。罚不是老师的目的，老师的目的是让你改掉粗心的毛病，罚只是老师的一种教育方式。妈妈希望你能理解老师的用意，引以为戒，学习细心，做事细心，做一个严谨的人。

二　“老师又罚我抄题”

镜头回放

被罚的事件还没过去几天，这一次你主动交代了，“妈妈，我又被罚了，不过不是被语文老师罚，是被数学老师罚。”又被罚了？因为什么？做题粗心了？“我们排排长没来，没交作业，老师罚我们这排同学把要交的作业一个字不落地再抄一遍。”那你们排长几天没来？“他感冒了，都一个星期没来了。”那你们是该罚。“为什么他不来我们要挨罚？”你一肚子的委屈。

妈妈的话

亲爱的孩子，不是老师心狠，也不是妈妈心狠。排长没来而老师罚你们，二者好像没有关系是吧？老师能罚排长不按时交作业吗？排长人家没来呀。排长没来，你们这排就不用交作业了吗？如果排长两个星期没来，或者这学期排长转学了，你们是不是一直不交作业了？你们明明知道排长感冒了，他没来，而且你们也知道作业是每天要交的，非要等老师指定谁收作业，你们再把作业交给谁吗？你们就不会自己交给老师？你是语文排长就不能收数学作业吗？平时老师怕你们忙不过来，才要求一排两个排长，分别收语文作业和数学作业，而这次是特殊情况，你就不能同时收着数学作业吗？非要老师给你安排后你再去收吗？你去交你们排语文作业的时候，就不能把自己的数学作业交上吗？如果你交上了作业，那老师还能罚你吗？孩子，你现在哑口无言了。

要知道，老师罚的是你们的被动、不主动。老师知道这个排长没来，可能老师忘了临时安排哪个同学代收一下作业，也可能老师故意考验一下大家，结果你们都没经受住考验。

其实不光收作业这件事，其他事也是同样道理，非要等老师安排或下令再去做吗？比如你们班值日问题，这个排长同学正好负责给你们班倒垃圾，是不是他不来你们班就垃圾成山了？还是这个周你们班不产生一点垃圾呢？假设学校明确规定，你们班学生平时不准走教室旁边的那个楼梯，万一哪一天发生紧急事件，需要第一时间冲出教室跑到教学楼外，而你们很听话地一心要走学校规定的、平时让你们上下楼的楼梯，因为要经过一段走廊，结果你们全班却因此耽搁了时间，那后果怎堪设想！老师罚你们就是这个原因啊！不管由哪个同学代收作业都行，可你们排十二个同学，没有一个同学这样做，你们全班五十二个同学，没有一个同学这样做。老师能不罚你们这排吗？孩子，为什么这名替数学排长代收作业的同学不是你呢？妈妈也很失望。

灵活机动、主动创新是优秀的品质，这些优秀品质也是将来出类拔萃的资本。有这么个小故事：有两个青年小宋和小赵同时进了一家公司，他们都认认真真地做好了本职工作，一段时间之后老板要给小宋加薪，小赵很不服气，找到老板质问。老板没说什么，让他到市场问问土豆多少钱一斤，很快他回来了并如实报告了老板，老板没说什么，让他在一边坐着看着，但别说话。老板同样安排小宋去问，很快小宋回来了，向老板报告：因为去得比较早，市场上只有一个农民在卖土豆，据他看土豆质量不错价格也合理，他带回一个样品。这个农民还卖西红柿，他感觉西红柿也不错，而且这几天他发现，他们公司西红柿库存不多了，也带回一个西红柿样品，并让老板过目。老板很中意，让他去购进一些。小宋说他把这个农民带过来了，拉了一车西红柿就在大门外。小赵什么都明白了。还有什么话好说呢？

孩子，一板一眼地老实听话是个好学生，如果你再把小脑瓜转起来，灵活机动、积极主动地去做事情，那更是优秀的好孩子了。

三　“老师让写三遍，我要写三遍”

镜头回放

从你背上书包上学那天开始，你就知道上学要听老师的话，上学要写作业。老师布置的作业你总是一个字不落、一道题不落地完成，哪怕这道题是重复了好几遍的作业，你也一丝不苟地完成。不知是你作业多，还是你写字慢，还是你在磨蹭，每晚你总是写到七八点，连口气都没歇就被我强迫着练琴。深思熟虑了两年的时间，我跟老师提出，作业重复的时候，只要你会了，让你少写一遍，可你哭着喊着：“老师让写三遍，我要写三遍。”

妈妈的话

亲爱的孩子，妈妈不知道你这么强烈地要求，是为了逃避练琴，还是怕老师训你，或者是怕同学笑话你没有完成作业？妈妈和你的老师是同行，布置作业的时候老师这么做，妈妈也这么做。重复作业是因为我们每个人每天都在遗忘，需要巩固。但同学中有差异，有的同学记得牢固，写一遍就记住了，有的同学学得不扎实，需要写两遍三遍甚至四遍才能记住。按理说应该每天给学生分类布置不同的作业，但每个班学生数都超过五十，白天老师没有时间给学生测试具体的掌握情况，而分类布置，每个家长也不可能每天测试一下自己的孩子写了一遍或两遍掌握了没有；老师只能根据中等学生的程度给学生布置作业。

妈妈知道你是你们班学习认真、掌握扎实的孩子，其实根本不需要重复写好几遍。每个人一天的时间总数都是一样的，你把时间都用在写作业上，哪有时间练琴啊！你要知道练琴其实也是作业啊，这个周你学的新曲子没有练出来，就是没有完成作业，没有完成钢琴老师布置的作业。而且学琴是需要勤学苦练的，需要大量的练习时间。写完作业接着练琴只能是疲劳战术，所以妈妈让你少写作业就是腾出时间练琴，早早练完琴你可以早早睡觉休息，这样身体好精神好。练完琴时间再充裕还可以看看课外书，哪怕玩玩又何妨？

孩子，老师的话要认真听没有错，但妈妈跟老师解释了，老师也同意了，你还有什么好怕的呢？每个人的时间都很宝贵，妈妈这样做并不是让你偷懒，只是让你更充分地利用好时间，取得事半功倍的效果。你少写了作业但三科成绩依然优秀，而且我们的琴也大有长进，你也不像以前那么筋疲力尽，空余时间还看了不少课外书，这不是一举多得的事情吗？如果是我们班的学生这样做，家长这样做，妈妈作为老师一定也会为他们高兴的。

孩子，合理安排好时间，付出同样的努力，你会事半功倍。

四 “我跳了一百四十七个”

镜头回放

学校下通知，两周后要举行一年一度的运动会。你很兴奋，“妈妈，我又可以得第一名了。”你那么自信？“当然了，跳绳我是我们班第一，也是我们年级第一，这次我报的还是跳绳这个项目。”妈妈知道，你是一、二年级跳绳项目的二连冠。那你也得练练，说不定别人都在家练呢？“没问题，肯定拿第一。”你信心百倍。结果，两周后比赛成绩出来了，你是第六名。我问你跳了多少个，你说：“我跳了一百四十七个。”那你一、二年级时跳了多少个？“一年级时一百六十五个，二年级时一百八十个。”

妈妈的话

亲爱的孩子，现在你想一想，自己都没跳过自己曾经的好成绩，这说明了什么呢？按理说越长大跳的个数应该越多，对不对？比赛之前妈妈让你练，你说没问题，你很自信。但是孩子，这仅仅需要自信吗？你以为一、二年级比赛时是什么结果，现在还会是那个结果吗？孩子，你想得太简单了。

一、二年级时你喜欢跳绳，跳绳是你课间十分钟的主要活动内容，放了学也跳，乐此不疲。可是现在你的兴趣转移到了跳皮筋，跳房子，玩别的一些花样游戏，几乎没有跳过绳。比赛之前妈妈让你跳，你不愿跳，逼着你跳，结果你跳了几下子一个劲地喊累，坚持不住就不跳了。其实看到你这个状态我就猜到了结果，成绩果然不出我所料。

这个学期你几乎没怎么跳过绳，可其他同学呢？平时妈妈就看到，你们年级好几个同学课间跳绳，说不定人家喜欢得也到了你一、二年级时那样的程度呢。或者人家就为了比赛拿第一名，平时特别加强练习的呢！所以你取得现在这个成绩是必然的。

可是你一肚子的不服气，还愤愤不平，说其实你的速度很快，就是后来慢了，还跳坏了一两次，总数就少了。孩子，妈妈承认你跳的速度不慢，但为什么后来坚持不住了呢？不就一分钟吗，为什么只能全力以赴地快跳前三十秒，后三十秒坚持不下来呢？一分钟多快啊！你可以随意做个实验，看看一分钟有多快，为什么跳绳时就觉得一分钟那么漫长了呢？而且一分钟内还跳坏了一两次，这是不是足以说明你的耐力不够，熟练程度不够啊？由此，妈妈想到一个词——“用进废退”，因为不常练习，你跳绳的高水平开始变得平庸。

妈妈给你讲一个《伤仲永》的故事吧。古时候一个小孩叫仲永。仲永长到五岁，不曾认识笔、墨、纸、砚，有一天忽然放声哭着要这些东西。父亲对此感到惊异，从邻近人家借来给他，仲永当即写了四句诗，并且题上自己的名字。这首诗以赡养父母、团结同宗族的人为内容，传送给全乡的秀才观赏。从此，指定物品让他作诗，他能立即写好，诗的文采和道理都有值得看的地方。同县的人对他感到惊奇，渐渐地请他的父亲去做客，有的人还花钱求仲永题诗。他的父亲认为这样有利可图，每天拉着仲永四处拜访同县的人，不让他学习。

就这样，十二三岁后让他作诗，写出来的诗已经不能与他从前的名声相称。又过了七年，他的才能完全消失，成为普通人了。

学习和体育训练的道理都是相通的。你知道乒坛女将邓亚萍的故事吧？当年她在体育队根本不突出，是她刻苦训练，吃了队友几倍的苦才脱颖而出，得了世界冠军的。

孩子，妈妈也不是非要你保持跳绳第一的好成绩，只是想让你知道：不能陶醉在自己胜利的光环里不思进取，“学如逆水行舟，不进则退”“天外有天，人外有人”。要想优秀，就要努力，而且是坚持不懈地努力。

五　“妈妈，这道题怎么做？”

镜头回放

一、二年级你识字量小，写作业读题时经常有不认识的字，就问我，我一一告诉你。后来再遇到不认识的字，我让你顺着句子意思“溜”，读懂大体意思就行。这样做要动脑筋想，揣摩猜测，耽误做题，你抗议，“我不会做问问就不行吗？”上三年级了，你学会了查字典，以为从此你就不用再问了，可你还是问个不停。“妈妈这个字怎么读？妈妈这个词什么意思？妈妈这道题怎么做？”

妈妈的话

亲爱的孩子，妈妈反复强调学习是自己的事情，要自己读书、自己思考、自己解决学习中的困难。你问的题大多都是生字词之类，本来应该自己解决，而且你有能力自己解决，所以妈妈不想直接告诉你答案。妈妈也知道直接告诉你答案，你会省很多时间，但时间长了妈妈怕给你养成一种惰性和依赖性，自己不动脑不动手。如果妈妈不在身边，遇到不会做的题你怎么办呢？

按理说一、二年级时，你识字量不够，妈妈确实应该帮助你、告诉你，但妈妈对你是帮一半放手一半，让你顺着题意“溜”，就是往下顺，其实就是想引导你把读书阅读和思考结合起来。举个小例子，有这么个句子："动物在捕捉食物或抵御入侵敌人的时候，它们会施展阴谋诡计。"这句话中"阴谋诡计""抵御"这两个词你不懂得意思，其中"谋""诡""抵御"你还不知道读音，但是这句话你照样能读懂意思，妈妈特意考了考你，你理解了大体意思。显然你是顺着前后句，根据前后词"顺"的，"猜"的句意，其实你是把阅读和思考结合起来了。

到了三年级，你已经学会了查字典。但是遇到不认识的字让你查字典，你总会说太慢了。数学课上刚刚学过正方形和长方形周长的计算，如果课下不做相应的练习，过几天考你这样的题，你是不是也会做得很慢，或者容易出错，甚至不会做了？刚刚学会一项技能，不够熟练确实慢，所以才要加强练习巩固，用起来才得心应手啊。

还记得《磨刀不误砍柴工》这个故事吗？老大拿着刀直接上山去砍，没有浪费一点时间。而老二先把刀磨好了，再去砍柴。看起来他比老大耽误了时间，但最终还是老二砍的柴多，比老大多出一倍来呢。

孩子，现在知道妈妈为什么让你自己查字典了吧？在查字典的过程中，你分析字形字音；在几个义项中，你分析比较，选择正确的词义。就在查字典的过程中，你掌握了很多同音字、形近字的区别，多学了知识，这不是收获吗？这哪是耽误时间呀，孩子。识字多了，阅读分析比较能力提高了，还怕学不好语文吗？分析比较思维能力提高了，还怕学不好数学吗？孩子，现在看起来慢，其实我们是"磨刀不误砍柴工"啊。

六 “我不喜欢背英语”

镜头回放

你报辅导班学英语了，学得越来越好。还记得第一次去试听，怕你胆小害羞，妈妈一直在教室外等着。出来后你很兴奋，说自己喜欢学英语，要报这个班。第一次上完课老师布置了作业，要一周内完成，而且这些单词都要求背下来。你很沮丧，原来学英语还要写作业啊。让你背单词，你反反复复记不住，更是懊恼，大声嚷嚷着：“我不喜欢写作业，我不喜欢背英语！”

妈妈的话

亲爱的孩子，妈妈多次给你讲过，作业就是及时地巩固新知识，不及时写作业，新学的知识得不到及时地巩固就容易忘掉，学来学去就像黑瞎子掰玉米，掰一棒丢一棒，最后手里只剩下一棒玉米了，白费一番工夫。英语同语文、数学一样都要写作业，都要及时巩固，才能掌握记住。

英语同汉语一样都是一门语言。汉语是由一个个汉字组成词，词组成句子。汉字由笔画组成，还有不同的读音，我们要会读、会写、会组词、会理解词义；英语是由一个个单词组成，单词是由 26 个字母组成，从这方面说英语比汉语容易多了。我们觉得英语难学是因为我们小时候没有接触过，是从零开始。如果小时候同时让我们接触两种语言，我想我们会学得一样好，甚至英语能学得更快更好。背单词就像我们学汉字一样，学好了汉字我们才能顺利地阅读文章，想读什么书就读什么书。同理，我们学好了单词，才能顺利地阅读英语书报，流利地交谈，为今后的英语学习打下坚实的基础。

孩子，正因为英语是一门语言，我们不仅要背单词，还要听录音，主动地用英语说话，平时的作业老师就注重了这几个方面。每一课学好了，英语成绩、英语水平就会一点点提高。长大后说不定你因为学好了英语而当了一名外交官呢。十几年后外国人到我们中国来，我们中国人到外国去那是再寻常不过的事，两种语言的交流是家常便饭的事情，所以要从小自觉学好英语。

孩子，学英语不仅是凭兴趣，还要有计划、有要求地系统学习，扎扎实实、一步一个脚印地学习。你看，你由最初的愁着背单词，到现在喜欢背，而且背得越来越快，学得越来越好，妈妈由衷地感到高兴，妈妈相信你会学得越来越好。

jiān qiáng zì xìn

坚强自信

一 “妈妈，我是不是最厉害的？”

镜头回放

你是个优秀的孩子，从上幼儿园开始每学期都拿回一个奖状，一直到现在。近两年学校发的奖状不仅有综合荣誉，也出现了单项荣誉，不仅有传统的“三好学生”“十佳标兵”，还有“小画家”“长跑健将”“节约小卫士”等，花样繁多。今天你一下子拿回四个奖状，向我展示着，洋洋得意。“妈妈我们班我最厉害，数我得的奖状多。”好啊，不错，妈妈很高兴。“妈妈，我是不是最厉害的？”

妈妈的话

亲爱的孩子，妈妈承认你优秀、厉害，可能在你们班里你各方面都是比较优秀的，可是却不能说是“最厉害”的。什么叫“最厉害”，你要正确看待。

尺有所短，寸有所长，就是说你们班每个同学，包括我们每个人身上都有优点，你再优秀也有缺点。下面，你老老实实回答妈妈的几个问题：你们班是不是有人写字比你好，写得比你快？是不是有人背课文背得比你快？是不是有人数学学得比你好，算题比你快？是不是有人跑步比你快？是不是有人唱歌跳舞比你好？是不是有人劳动值日比你好？所以，你敢说你“最厉害”吗？如果说每个方面都设个奖状，那么你们班会有多少同学得到奖状呢？奖状只是说明你某个方面是比较优秀的，是对你的肯定鼓励表扬。

即使你在这个方面是全班最优秀的，那其他方面呢？你不敢说你每个方面都是全班最好的，所以你就不能说自己是“最厉害”的。人无完人，妈妈并不是非要你什么都最好，做个全才、通才。我们知道每个人的时间和精力都是有限的，先天条件也是有限的，你不可能让一个人既是作家又是数学家吧。你不可能让一个人既是体育健将又是画家吧。你也不可能让一个人既是建筑工程师又是舞蹈演员吧。

除了学校开设的文化课，课余时间妈妈让你学画画、学弹琴、学唱歌、学游泳。学这么多首先因为你喜欢，你喜欢才让你学，妈妈创造条件培养你。就是让你从小对你喜欢的方面多了解一点，等你对其中某一方面兴趣依然还浓厚，还想继续学下去的时候，你可以根据自己的爱好，自由选择自己的专业，深入学习，直到学有所成。术业有专攻，每个人可能有许多爱好，但只能一两方面或几个方面比较突出，不可能什么都学精，所以考大学要选择自己的专业，就业时要努力从事与自己专业对口的工作，才能英雄有用武之地。

“人外有人，天外有天”，这也是妈妈常跟你说的一句话。在你们班里，可能你现在各方面综合起来是最优秀的，可是你能保证在全校、全区、全市、全国你是最好的吗？井底之蛙把井口那一小块当作了天，在井底自由自在，它永远不知道天空、大海的广阔。孩子，不要自以为了不起，其实万里长征我们才刚刚迈出了第一步，一小步。奖状只代表过去，居里夫人把国家级、世界级的奖杯给孩子当玩具，是最有力的说明。

荣誉已经成为昨天，要想今天、明天比别人更优秀，还要更努力。但是只要我们尽到自己的最大努力，即使你不是班里最优秀的，在妈妈心中你永远是最厉害的、最好的。孩子，一句话，凡事尽力就行，妈妈会为你鼓掌喝彩。

二 “我要每天跑三圈”

镜头回放

运动场上你亲眼看到，你的好朋友在和你进行二百米比赛的时候遥遥领先，轻而易举摘得了这个项目的桂冠，而且人家跑下来后轻松自如。你取得了第三名，气喘吁吁，筋疲力尽，还被人家落下了半圈的距离。要知道你平时一直是班里的体育健将，而她不声不响，在你看来是朵温室里的花。

这次我没说什么，你自己不服气，“妈妈，我要练跑步。”这可不是我让你跑的，我们当不了长跑运动员没关系，拿不了第一也没关系，我强调。你要跑的话必须坚持天天都跑，如果停下来就容易胖。我知道你怕胖，故意这样提醒你。“我要每天跑三圈。”你信誓旦旦。

妈妈的话

亲爱的孩子，妈妈知道你要强，有一股不服输的劲头，这就是上进心啊，妈妈真为你高兴。一个人有了上进心，他就会坚持不懈地努力，坚持不懈地努力，还能不成功吗？

你从小体格棒，是大家公认的，你的好朋友平时没有你的好体格，我们大家也都知道。人家一举夺魁你会惊讶，可能我们是在以貌取人。人家平时怎样练习，你根本没有看到，我们不能用老眼光看待每个同学，每个同学每天都有不同的变化。大多数同学都在进步，有的同学进步明显，有的同学进步微小，有的同学这个方面进步，有的同学那个方面进步，当然有的同学也在退步。你一直以为这个方面你是最好的，当别人在某一方面的进步超过你的水平能力时，你会惊讶，所以澳柯玛有句口号——“没有最好，只有更好”。

当别人超过我们时要坦然面对，哪怕他是以微弱的成绩超过我们，甚至是微不足道的优势。自己胜利了，不要轻视别人暂时的落后，也不要满足自己已经取得的成绩，要再接再厉。孩子，不以成败论英雄，要有一颗平常心。

当你决定要跑步时，妈妈举双手赞成，但妈妈之所以反复问你是否能坚持，其实就是想激发你的斗志，怕你三分钟热血，半途而废。生命在于运动，妈妈希望你能坚持下来，不是为了比赛，是为了锻炼身体。

据有关资料统计，1995年、2000年、2005年全国学生体质健康调研，可以用一句话概括这十年间的学生体质健康变化：中小学生的体质健康呈逐年下降的趋势，并且愈演愈烈。如今中小学生不仅体质下降快得惊人，而且体质差得同样惊人！五年级学生八百米跑有近五分之一坚持不下来，有五分之二的学生跑一半走一半，坚持跑完的学生在到达终点后都倒在地上。这种现象确实惊人，妈妈不想你也这样！

孩子，你能坚持跑，你做得对做得好，妈妈从内心里为你叫好！你学习好，身体好，将来才能好好工作，才能追求你的梦想。

看啊，每天放了学，操场上一个小小的身影迈着矫健的步伐，一步一步地跑着，那就是你，孩子，妈妈多么自豪。在你的带动下，妈妈同事的两个孩子也去跑了，但她们跑了两天就放弃了，而你还坚持着。在你的带动下，妈妈两个同事也去跑了，但她们跑了两天也放弃了，而你还坚持着。天气晴朗你跑着，刮风阴天你跑着，有时甚至下着毛毛雨你还跑着。一个星期，两个星期，你坚持着，屈指算来你已经坚持了六个星期，由开始的气喘吁吁，直到现在的轻松自如。妈妈为你叫好，孩子。

跑吧，孩子，锻炼了身体，磨炼了意志；跑吧，孩子，天高任鸟飞，海阔凭鱼跃，小时候练就一对过硬的翅膀，长大才能自由飞翔。

三 “我什么优点都没有！”

镜头回放

妈妈一个同事的孩子在上幼儿园的时候就已经认识很多字了，自己能看课外书，也喜欢看，真是羡慕。和你爸聊天的时候说起这个事，谁知旁边的你听了，本来玩得好好的，却抹起了眼泪。我们莫明其妙，问你怎么回事，结果不问不要紧，一问你大喊大叫：“都是别人好，我什么优点都没有！”

妈妈的话

亲爱的孩子，妈妈说别人好，并不是否定你，而你总是容忍不了我们说别人一点好。其实这件事是妈妈说者无意，而你听者有心，并且醋意大发。当然有时妈妈也承认是有意说给你听的，有意说给你听也只是让你知道你和别人的差距，比人家强的地方不要骄傲自满，比人家差的地方要努力进取。

妈妈承认，妈妈是贪心的，你出生的时候妈妈只盼望你健康就行。当你健康了，妈妈又希望你聪明，希望你学习好、写字好、读书好，希望你唱歌好，学琴后又希望你弹琴好。明明知道人不可能是个全才，但对你就是寄予了太多的期望，孩子，这就是“望子成龙”“望女成凤”，这代表了家长的一种愿望。

爷爷让你的名字中有“泉”这个字，说蛇就是“小龙”，“龙喜泉水”。而妈妈一直让你写“全”这个字，就是想让你安全，首先你应该是安全平安、身体棒棒的；全面，就是希望你德智体美劳全面发展；同时如果从拆字这个角度说，妈妈内心里希望你能“人中王”，出色些，杰出些，能出人头地。你上学前妈妈还一直考虑让你跳级呢，但最后我们还是让你按部就班，一个年级一个年级地上。

当然现实也告诉我们，你只是个普通的孩子，普通得不能再普通了。写拼音时你和别的孩子一样，也会在拼音本上占错格；拼读时你也和别的孩子一样不会拼读，把“ba”拼成“ma”“fa”，乱拼一气，是老师一点点教会你；学数学时你也不能一口喊出“15+5”等于几；第一次英语考试的时候你只得了个“B”。这些妈妈都坦然接受，我们对你太多的期望只是藏在心中，我们知道你不是神童不是天才。妈妈和爸爸都是平常得不能再平常的人，怎么能要求你是神童天才呢?

你说你没有优点，孩子，难道你不知道自己有多少优点吗？你善良，没有坏心眼，你看到小动物受伤了会心疼，看到在垃圾箱里捡回收垃圾的人会可怜；你正直，你们班谁没交作业谁抄别人的作业你如实揭发，谁违反学校规定你及时跟老师汇报；你诚实，从来不说谎话；你认真，作业再多都是一笔一画；你努力，课文再长背不下来就不吃饭；你爱读书，给你借的小故事书几天就看完了；你爱画画，画出了五彩世界；你爱唱歌、爱跳舞、爱表演节目，你快乐，这些不都是优点吗？还要妈妈再一一列举吗？你认真扎实，一步一个脚印，你在妈妈心目中已经做得很好了，就是一百个一千个比你优秀十倍的孩子跟你交换，妈妈都不换呢。

妈妈表扬别的孩子优秀，不管无意也好有意也罢，都是妈妈羡慕他们，是妈妈真情的流露，妈妈也希望你和他们一样在那方面优秀。你看到别人比你优秀，难道能视而不见、不屑一顾吗？难道因此而耿耿于怀吗？如果你和妈妈一样是羡慕，那就把你的羡慕表达出来，这是坦荡的胸怀，是阳光向上的心态。

我们说人无完人，他这个方面优秀了，并不代表他每个方面都是比你优秀的。我们赞美他，只是希望你在这个方面要向他学习而已。其实背地里，妈妈多少次地向别人炫耀你呀，你是妈妈的骄傲，孩子。

妈妈没有给你定具体的目标，要你如何如何。你能爱读书，能把自己的优点发扬光大，能取人之长补己之短，养成一个良好的习惯就足矣。孩子，不要一味地光听好听的，还要听进“逆言”，“忠言逆耳利于行”啊。

四 “唉，我没得奖！”

镜头回放

你跟着钢琴老师学着琴，也学着声乐，学了一年后你顺利地通过了声乐六级考试。正好区里有个小歌手比赛，学校通知我们报名参赛。这可是展示我们歌喉的机会，我们积极报了名。因为要求必须唱影视歌曲，而我们对影视歌曲又不太熟悉，找来找去找到了《花木兰——谁说女子不如男》，觉得这个歌特别一些。

我不会唱歌也指导不了，你自己跟着电脑中的视频，很认真地听，很认真地模仿。很快到了比赛的日子，我们有备而去，但去了才知道高手如林，我们总算进了决赛。但决赛时必须换新曲子，前后就一天时间。我们哪来得及准备，成绩当然不够理想，你很沮丧：“唉，我没得奖！”你闷闷不乐。

妈妈的话

亲爱的孩子，我们发挥出了我们的真实水平，即使没得大奖，也没什么可遗憾的。在八十多名选手中你进了前二十名，妈妈觉得你已经很了不起了，你自己不这样认为吗？你积极地准备了，妈妈又特意到演出服装店，租来那套花木兰服装。你刚上台，台下的观众，包括评委老师们都眼前一亮。那套服装鲜艳夺目，你落落大方，唱得字正腔圆，一招一式，举手投足，活脱脱一个女中豪杰——花木兰，太精彩了。你以高分顺利进入决赛，你已经成功了，毕竟我们第一次参加这样的比赛。

孩子，决赛的成绩不够理想，也是我们意料之中的事情。要知道你才二年级，其他选手好多都是五、六年级的学生，从年龄看，你们就不是一个级别呀。你才跟着老师学了一年时间，他们估计学了三年、四年甚至更长时间吧。再说妈妈也知道，你嗓音方面的先天条件不够优越，有些沙哑、低沉，音域不够宽广，能唱的最高音也不够高。而其他选手有好几个嗓门高而亮的，有两个简直可以跟韩红媲美呢。我们承认我们水平不够，但并不是说我们失败了，比赛并非第一名才是成功。

你唱歌是因为你喜欢，也正因为你喜欢妈妈才让你学唱歌，妈妈从来没有指望，也没有规定你要学好唱歌，要走这条道路。妈妈觉得会唱歌多好呀，高兴的时候唱可以更愉悦，悲伤的时候唱把悲伤唱跑了，寂寞的时候唱就不孤独了，忙碌的时候唱放松身心。妈妈多想唱，可是妈妈不会唱，妈妈多么羡慕那些会唱歌的人呀。会唱歌是快乐的，妈妈希望你是一个快乐的人。

参加比赛验证一下我们的能力，积累上台经验，锻炼我们的胆量，增长我们的见识。我们追求好成绩，但成绩好坏是其次，我们的目的已经达到。我们没有拿到大奖一样要给自己庆贺，毕竟你们班里，没有谁能像你这么优秀出色吧?

其他事情也一样，成绩有时能说明一个人的水平能力高低，但有时也并不能客观、公正、全面地衡量。只要我们尽力了，只要我们参与了，我们就是好样的，毕竟第一只有一个。孩子，妈妈希望你有一个平和的心态，看淡成绩，轻松坦然地面对学习、生活中的各种评比、比赛，胜不骄败不馁。

五 “‘六一’节，老师选我当主持人”

镜头回放

“六一”儿童节快到了，你早就翘首企盼了，不仅因为是你自己的节日，还因为你更想上台，想上台唱歌跳舞，也想当节目主持人。我知道你的心思，特意提示你，你要上台就跟老师说你的想法，你去说了，老师在全班选的话你没选上，是因为你水平不够，选上了正合你的心意。第二天，你高兴地告诉我，“妈妈，老师选我当主持人！”太好了，恭喜你，宝贝。

妈妈的话

亲爱的孩子，你读课文读得好，声情并茂，能与文中人物同喜同悲。你的朗读，你的理解，为你今天的上台、以后的发展打下了良好的基础。你平时练就的本领，现在就要登上舞台尽情展示，尽情挥洒了。为自己骄傲吧，孩子，这是你迈出的成功的第一步。

果然，台上的你大大方方、字正腔圆，大家都说你表现棒，你很高兴，妈妈当然更高兴。

孩子，上台的机会不是每个人都有，可能有的人一辈子都上不了台。可能上一次台也没什么，将来也不会活跃在舞台上，但即使自己就那么一次，仅有的一次上台经历，一定会成为自己人生中宝贵的财富。可能因为这次上台，做什么事你有了自信，有了前进的勇气，不再胆怯，不再退缩，因此而成就了一番事业了呢。上台既是荣耀，更是锻炼。

孩子，学校里这样的上台机会很少，一年到头才几个节日呀。即使机会多，既然上台就是锻炼，老师也不能每次都让你上台吧?老师总不能只锻炼你一个人吧？其实生活中到处有锻炼的机会。那次，妈妈带你参加同事的婚宴，你用甜美的歌声送去了我们对新人的祝福。新人全家很高兴，在座的各位来宾很高兴，妈妈也很高兴，你也得到了锻炼，一举多得。

孩子，以后还有很多机会，希望你能够争取珍惜，要争取更多机会锻炼、磨炼自己，再接再厉，更上一层楼。但是，孩子，你更要懂得“台上一分钟，台下十年功”，台上是光彩的，台上展示的是我们台下积累的知识、练就的本领，台下是默默无闻的，台下更要吃得苦中苦。

六 “游泳太简单了，我学会了”

镜头回放

每到夏天我们总会带你到海边玩，玩沙子、玩水，嬉戏打闹。你还发明了一种刺激的玩法——冲浪，就是套着游泳圈走到比较深点的水里，憋住气，顺着浪来的方向趴在水面上，大浪来了就把你往前冲，一浪又一浪，一会儿被冲到了浅水处。玩了一会你就觉得不刺激了，看到别人在深水里像条鱼一样自由自在，你不无羡慕：“妈妈，还是会游泳好啊，如果我会游泳就好了。”于是我们商量准备给你报个游泳班，你兴奋极了。为了让你尽快学会，我从网上找了些游泳教学视频，让你先了解点要领。可你看了几眼就嚷嚷着：“会了会了，游泳太简单了，我学会了。”你迫不及待地一心想到水里游。

妈妈的话

亲爱的孩子，看花容易绣花难，如果真能看看就会了，那大家不都会游泳了吗？

妈妈给你讲一个纸上谈兵的故事。《史记·廉颇蔺相如列传》记载：赵国名将赵奢之子赵括，年轻时学兵法，谈起兵事来父亲也难不倒他。后来他接替廉颇为赵将，在长平之战中，只知道根据兵书办，不知道变通，结果被秦军打败。

这个故事告诉我们，不能光依靠书本知识理论知识，不能一味地学习书本，死读书。“尽信书不如无书”， 实践出真知，实践是检验真理的唯一标准，必须深入实践学习。当然也不能一味地在实践中摸索前进，那将走很多弯路，浪费很多不必要的时间，甚至会搭上性命，作无谓的牺牲。理论与实践要有机结合，不能顾此失彼。

妈妈让你先在家看电脑视频中的教学示范，其实就是先让你了解游泳的基本理论知识，再在理论知识的指导下，在实践中灵活运用这些知识。其实到了游泳培训班，老师也是先讲这些知识，妈妈只不过让你先学早学，先了解一点，再听老师的讲解，这样可以更好地学以致用。短短一期培训总共十来天十多个小时的时间，领悟能力强身体灵活的孩子，可能学得快些，但最终要学得扎实还离不开自己的揣摩理解和刻苦练习。你属于哪类孩子我们暂且不去区分，妈妈让你先学早学，就是让你学得快、学得扎实、学得牢固。

孩子，爸爸妈妈给你报培训班，不单是为了让你在水中玩个痛快，是因为游泳是一项技能，你学会了，可以经常游泳锻炼身体。爸爸妈妈还考虑到，有一天你乘坐小船大船，万一遇上风浪船翻，你可以自救，有能力还能救他人。水好玩，但水更无情，一口水可以置人于死地，如果不小心呛水溺水，那就可能会付出生命的代价，所以你学的时候必须高度小心谨慎，孩子。

随着你年龄的增长，爸爸妈妈还会让你学习买菜、做饭、洗衣、开车等，这都是本领，孩子。我们要学的东西还有很多，不管学习什么都要耐心、细心、有恒心。小时候妈妈给你讲过《百鸟学艺》这个故事。在百鸟中只有小燕子学得认真、耐心，其他鸟都浅尝辄止，听了凤凰的几句讲解纷纷拍拍翅膀飞走了，结果什么也没学会。只有小燕子跟凤凰学到了最后，学到了筑窝的真本领。孩子，妈妈希望你做一只认真学习的小燕子，谦虚谨慎。

七 “老师在班上读我的作文了”

镜头回放

升入三年级，你开始学写作文了，第一次作文课后你回来念叨：“妈妈，作文真难，不知道写什么。”“那老师没给你们讲作文怎么写？”“讲了，可是我还是不会写。”没事，好好学课文，多读课外书，留心观察生活，就会写了。我这样告诉你。一周之后我找到你们的语文老师交流这件事。语文老师给我看了你的作文，说是句子比较通顺，但大部分是照老师的思路来，没有创新，在班里属于一般水平吧，让我给你辅导辅导。我说不用辅导，你作文肯定差不了。第三周作文课后你回来高兴地向我汇报：“妈妈，老师在班上读我的作文了，老师说我的作文是全班最好的。”太好了，女儿真棒。

妈妈的话

亲爱的女儿，妈妈知道你朗读好，读得声情并茂，有自己的理解，你也喜欢看课外书，有这两点你作文一定差不了。

我们学的每一篇课文是多么好的范文，比如《拉萨的天空》这篇课文，“那里的天空总是那么湛蓝、透亮，好像用清水洗过的蓝宝石一样。”“掬一捧蓝天可以洗脸”，“有贴着山顶的白云映衬，湛蓝的天空显得越发纯净。有拉萨河畔草地的对照，湛蓝的天空显得更加明洁。”看，这里多少好词好句：湛蓝、映衬、纯净、对照、明洁。多么生动的比喻：“用清水洗过的蓝宝石”，宝石本来就熠熠生辉，再用清水洗过更加晶莹剔透。“有……的映衬，越发……”“有……的对照，越发……”对应着写，句子整齐，充满着诗情画意。我们没有去过拉萨，但我们学过课文后就像在画中游，像在欣赏眼前的巨幅画卷，也像身临其境一样。

再比如《卧薪尝胆》这一课，这是一个历史小故事，它告诉我们：刻苦自励，奋发图强，要吃得苦中苦，才能成就自己的一番大业。学了这一课我们增长了历史知识，知道了这个成语的来历，积累了这个成语。再比如《掌声》这一课，结尾一段告诉我们：“人人都需要掌声，特别是当一个人身处困境的时候。珍惜别人掌声的同时不要忘记把自己的掌声献给别人。”这篇文章也告诉我们怎样记一个人写一件事。“小英的眼圈儿红了。”这是抓住人物的神情来写。“小英在大家的注视下，终于一摇一晃地走上了讲台。”这是动作描写。“从那次演讲以后，小英像变了个人似的。”这是前后对比描写。

从以上例子来看，你说每一篇课文是不是非常好的范文？学好课本中的每一篇课文，作文肯定没问题。不信你还可以调查一下，看看那些作文好的同学是不是爱学语文，课文朗读得好，上课认真听讲，善于思考。

我们知道课文再好，但毕竟数量太有限了，一册书就那么二十几篇文章，静下心读的话，半天时间就可以读完。浩瀚的文学世界像天空一样广，像大海一样深，需要我们不断地学习、不断地积累，这就需要我们课下多读多看。平时妈妈给你买来借来那么多课外书，就是让你博览群书。你喜欢看童话书，但这些书不光有童话，还有历史小故事，还有《十万个为什么》，还有神秘的星球太空知识。

什么书都看点，就像吃饭什么菜都要吃点一样，营养才丰富。知识丰富了，词汇也丰富了，布局谋篇也在不知不觉中摸索领悟到了，作文何愁写不好？当然，我们看书并不是单纯为了提高作文水平，这只是其中的一个收获，多看书最大的好处就是开阔眼界，增长知识。知识的海洋浩瀚无边，学无止境啊，孩子。

优秀的文学作品源于生活，高于生活，好的作文同样要来自生活。所以，孩子，你还要留心观察生活，做生活的有心人，积累素材。

这三个方面做到了，那你写出的作文就会很精彩，别人都爱读。当然妈妈并不强求你在写作这方面成名成家，妈妈只是希望你学生时代好好读书，多读书，扎扎实实地学习，不虚度光阴。

八 “我能弹世界名曲了”

镜头回放

屈指算来，给你报班学琴一年半的时间了，你从单手练习到双手练习，从《小汤》到《大汤》，从599到299到849，从全音符四分音符到十六分音符的快速练习，你一步一个台阶，第一次考级就顺利通过了五级。现在老师除了给你布置基本的练习曲之外，又给你布置了世界名曲《致爱丽斯》。你特别激动，回到家迫不及待地练起来。很快，你摇头晃脑弹得像模像样了。你自我陶醉："啊，我能弹世界名曲了。"是的，你能弹世界名曲了，再继续练习，你可以开个人演奏会了，宝贝。

妈妈的话

亲爱的孩子，天道酬勤，只要功夫深，铁杵磨成针，功夫到了，没有干不成的事情。自古以来都是苦尽甘来，功夫不负有心人。

回首你的学琴路，真是酸甜苦辣咸，五味俱全。

当初看到你对钢琴兴趣十足，考验了你一两年的时间，爸爸妈妈终于狠狠心买上了钢琴，从此你开始了真正的勤学苦练，"琴"学苦练，一个"苦"字了得。真的，说它苦确实苦，因为你要从自己的课外时间里拿出时间练习：别的孩子正舒服地看电视，你却要练琴；别的孩子在下面尽情地追逐跑闹，你却要练琴；别的孩子写完作业八点就睡了，你却要继续练琴。多少玩耍时间，多少休息时间，你都在练琴。

半年的学习练习之后，老师给你极高的肯定，说你乐感好，识谱快，练得扎实，你高兴，妈妈也高兴，我们更有信心。但是随着难度的增加，投入的时间也必须增加，每天由半个小时的练琴一点点增加到了一个小时，你也开始了厌倦。每次妈妈一遍又遍地催你，而你一分钟又一分钟地磨蹭。你磨，妈妈就和你磨，任你磨蹭十来分钟，最终你还是老老实实地练，磨就磨吧。这期间也大道理小道理地给你讲着，你懂事地什么都明白，可还是磨蹭一分钟是一分钟。终于，妈妈的巴掌打在你后背上，练也得练，不练还得练。你疼在身上，妈妈疼在心里，但是没有办法，孩子。

再后来，我们开始讨论你继续学琴还是放弃的问题。继续学习必须吃苦，不想学的话我们现在就放弃，从此之后再也不跟琴沾边。但你毫不犹豫地坚决选择学琴。既然选择了就要义无反顾地练下去，妈妈让你写了保证书。但保证书也没保证几天，你又磨蹭，练一天是一天，逃一天是一天。

这期间，妈妈反反复复给你列举了很多中外名人练琴和其他名人伟人成才的故事。还记得贝多芬练琴的故事吧？一个冬天里，贝多芬住在一个旅馆里练琴。楼上往下滴水，楼下纳闷。原来是贝多芬练得手发热，就在水盆里把手沾湿，甩甩再练，那些水就是时间长了渗到楼下的。孩子，一次次地把手沾湿了再甩，要甩多少次才能把地湿透，要甩多少次才能渗到楼下啊！孩子，这要练多长时间啊！孩子，你才练多长时间呀？这一个小时也不是连着弹，哪次不是练习半个小时就下来歇歇，吃吃，喝喝，玩玩？

孩子，知道奥运冠军背后的故事吧？他们哪个没吃苦？哪个不是吃了常人双倍或更多倍的苦，咬紧牙坚持到最后，才登上了领奖台的最高层，万众瞩目？其实当年有很多比他们水平更高、才能更优秀的选手，但他们都是不能吃苦，不能坚持而中途放弃了，最终一事无成。

孩子，你练的是琴，练的也是一种定力、一种耐力、一种韧性、一种品质。既然选择了，就要为自己的选择坚持到底。听，你弹得多好，孩子。如果你每次练琴都能带着这种欣赏的、自我陶醉的心情来练，那不就真正成了一种享受吗？孩子，加油吧，妈妈准备给你开一次家庭演奏会呢。

yán yú lǜ jǐ

严于律己

一 “我不喜欢喝奶”

镜头回放

你从小不爱喝奶粉，别的孩子一个星期喝一袋奶粉，你两个星期甚至三个星期喝一袋。一包纯牛奶，喝到一半的时候你就开始抗议了，“我不喜欢喝奶非让我喝！”吃饭时碰到你喜欢吃的菜大吃特吃，不喜欢吃的你一口不动，还嘟嘟囔囔：“做的什么饭，一点不好吃！”

妈妈的话

亲爱的孩子，每个人吃饭有自己的口味，但也不能全顺着自己的口味来吃饭呀，比如你爱吃白菜你就能上一顿白菜下一顿白菜地吃，你爱吃肉就能左一顿肉右一顿肉地吃吗？显然行不通，再爱吃的东西也吃腻了，更不用说营养丰富的问题了。人是万物之首，这也是因为人是杂食动物，除了水果之外其他食物我们以熟吃为主，而且几乎无所不能地吃各种食物，才比动物聪明。人类越来越聪明，生产出奶粉，把各种营养成分添加进来补充小孩子身体发育、大脑发育所需的各种营养。在成长的黄金时期不缺少营养，身体才能结实健壮，才能有更多体力、更多精力学习活动，做更多的事情。

小时候你不喜欢喝奶，妈妈哄着你喝，现在你懂了道理还需要妈妈哄着喝吗？我们不是说身体是“1”，其他的像学习好、会唱歌、有本领都是“1”后面的“0”吗？有了好的身体一切才有可能。

可能有的妈妈手巧做的饭好吃，有的妈妈手笨做得不够美味，有的妈妈时间充裕做的饭讲究色香味，有的妈妈忙做的饭熟了就行。但是，希望孩子长得好长得结实，是每个妈妈最大的心愿。所以，对于饭菜，每个妈妈都尽心尽力地做，所以小孩子还没有资格、没有权利对妈妈做的饭菜评头论足，还因为小孩子还没有能力自己买菜自己做饭，更没能力挣钱养家糊口。

孩子，妈妈小时候因为家里穷，到了冬天饭桌上除了大头菜就是大头菜，等吃完了大头菜才能吃大白菜，那时也就到了过年前后了。那时大白菜算是好菜了，但天天吃也吃够了，也嘟囔过，但我们知道我们改变不了现状。我们的妈妈就是你的姥姥每天地里、园里、家里早出晚归地忙，哪有时间、心思变着花样做好吃的呀？再说，巧妇难为无米之炊，除了地里、园里自种的大头菜、大白菜，哪有什么好吃的菜？我们只有老老实实乖乖地吃。你看妈妈不是一样长得高大健壮吗？当然那时如果有奶喝，有好饭吃，说不定妈妈更健康、更聪明呢。

芹菜有芹菜的营养，蘑菇有蘑菇的好处，茄子有茄子的优点，我们吃得丰富，营养丰富。孩子，你不是很小就背过“锄禾日当午，汗滴禾下土。谁知盘中餐，粒粒皆辛苦”这首诗吗？我们要有一颗感恩的心，感谢农民伯伯种的粮食蔬菜，让我们吃得这么丰富；感谢妈妈做的饭菜，让我们吃得饱吃得好；感谢我们的好生活，每天像过年。孩子，你这样想这样认识，你就会觉得奶特别甜，饭特别香。

二 “我要吃面条”

镜头回放

昨天姥姥给我们送来了她包的粽子和煮的鸡蛋，今天早晨做饭就熬上小米粥，热上粽子、鸡蛋，还有昨晚吃剩的一碗面条。饭熟后，我把粽子、鸡蛋剥好皮给你放碗里，又给你盛了一碗小米粥。我刚端起那碗剩面条准备吃，你一看碗里的饭就嚷嚷着：“我不爱喝小米粥，我要吃面条。”我告诉你面条是昨晚剩下的，昨晚上有菜，菜好吃你觉得面条也好吃，但今天早上没有菜，面条又是剩下的。于是你不作声了，吃了口粽子，你又开始嚷嚷粽子没有糖，不好吃。

妈妈的话

亲爱的孩子，哪个妈妈不是把好东西先给孩子吃？有这么篇小文章叫《妈妈爱吃鱼头》，文中小孩的妈妈每次吃鱼总是把鱼头放自己碗里，把好肉给孩子放碗里。于是，孩子就一直以为妈妈爱吃鱼头，长大后才知道妈妈哪是爱吃鱼头，只是怕孩子被鱼刺卡着，同时也为了把好肉留给孩子吃。其实，不光是文中的妈妈这样做，生活中哪个妈妈不是这样做的？只是小作者写出来而你没有注意而已。

妈妈告诉过你，我们小时候家里穷，那个时候都穷，但穷归穷，到了端午节这天，别人家都包粽子吃，我们家姥姥不会包也没有时间包，姥姥几乎一刻不闲地忙，像个陀螺似的。邻居送我们几个，我们每人分一个两个吃得不过瘾，那时觉得粽子好吃得不得了。现在我们都成家立业了，姥姥也不再忙生计了，跟着邻居学会了包粽子，一年能包三四次，甚至五六次。包一大锅分给我们，分给你大姨。你说穷的时候姥姥不想让我们吃好吗？想，非常想，她才一刻不停地忙。现在商店里冷冻柜里各种各样口味的粽子都有，可姥姥为什么还要自己包？她爱我们，她想弥补小时候因为穷，而我们没能吃上她亲手包的粽子的愧疚。你说，哪个妈妈不爱自己的孩子？哪个妈妈不想让孩子吃得可口美味？

现在我们都富了，不仅要吃饱，还讲美味讲营养。小米粥没有营养妈妈能让你吃吗？穷困年代生了孩子的妈妈没有奶就给孩子喝小米粥，妈妈生了你后胃口不好，上一顿下一顿地喝不够小米粥。你愿吃油条，妈妈为什么不让你使劲吃？不就一年到头偶尔吃个两三次解解馋吗？你愿吃零食，为什么妈妈不让你直接把零食当饭吃，而不给你做饭呢？妈妈做饭单纯凭你爱吃什么就做什么吗？不能。妈妈多次说过，每个妈妈总是尽自己最大努力让孩子吃好穿好，妈妈已经努力了，孩子再挑剔有道理吗？

你也知道多少贫困山区的孩子，他们为了上学，要一大早天不亮就起来翻山越岭，走上一两个小时，路上就着咸菜啃个冷馒头，这样的孩子照你的理论是不是就没法活了？可事实上，他们依然坚强地同生活和命运抗争着，他们要靠自己的努力改变现状改变命运，这就是自强不息。

孩子，妈妈知道你毕竟是个孩子，总会反反复复，可是这也多多少少存在自己惯自己的毛病。一个人光想着吃喝玩乐，光想着享受，就不知道吃苦耐劳。而一个人要想改变命运，要想有一个好的前程，就必须从小时候开始吃苦耐劳，为将来打基础。长大以后，只要他有本事他可以吃山珍海味，他可以穿名牌高级衣服。自己有本事了，自己享受的同时也才有本事为社会作出贡献。

退一步讲，如果一个人小时候为了他自己吃爱吃的、穿爱穿的，一味地享受，他心里怎么可能容得下别人，容得下亲人？怎么能容得下与自己不相干的人？换句话说，他能有爱心吗？一个自私自利的人怎么能更好地服务社会，为社会作贡献？这些道理可能你不全懂，但妈妈希望你一天天长大，一天天明白。

三　“我还没睡醒，我要睡觉”

镜头回放

六点四十五了，天下着小雨，还是黑乎乎的。来到你床头轻声叫你:“宝贝起床了，快七点了。”你听见了翻身不理又睡，我再叫你，你还是不起。给你点迷糊时间吧，我转身来到厨房。五分钟后再叫你，你开始发起火来，嚷起来：“我还没睡醒，我要睡觉！”我气冲冲地三步并作两步来到你床前，“你看看表，几点了？你快睡吧，睡到十点不用上学了！”这时如果你一跃而起，下面的揍也不会挨上。可你还是生着气嘟囔着不起，我蹭一下子给你揭开被子，“啪”，一巴掌打在你屁股上，你大哭起来。

妈妈的话

亲爱的孩子，妈妈跟你说了一万次，从内心里我一下也不舍得打你揍你，可今天你是不是自己找揍？本来平时六点半叫你起床，吃饭前后让你听读十来分钟英语。今天外面下雨天黑，就比平时晚了点叫你，想让你多睡一分钟是一分钟，今天英语不听不读吧。快七点了，叫你起床也给了你迷糊时间，可你还是赖床不起。你说我该左哄右哄吗？你还是三岁小孩子吗？时间来得及吗？妈妈能为了哄你起床而迟到吗？

你起来得晚，天冷，饭端出来就凉了，妈妈能让你吃凉饭？妈妈吃完饭上班走了，但妈妈能放心你自己在家吗？你上学能不迟到吗？你能自己过马路吗？妈妈能不催你吗？

大冷天，谁不愿在被窝里多待一会儿？每天妈妈也不想早起，但哪天妈妈不是按时起来给你做饭？你说你睡不醒，那我们一块算算你的睡眠时间：晚上九点睡，第二天六点半起，九个半小时，足够了。如果按国家标准十个小时算，那你晚上八点半睡也行。可晚上妈妈没让你早睡吗？写作业时你不紧不慢，拖拖拉拉，哪天你不磨蹭到七八点才写完？当然最近妈妈监督，你自己努力，大都在七点前写完了。七点开始练琴，如果你自己再抓紧时间，练一个小时，八点不正好弹完了吗？再假设这一个小时练琴太累，你中间需要休息，那么八点半之前也应该弹完的。可是哪天你不是磨磨蹭蹭到九点睡觉？你自己说，是妈妈不让你早睡吗？你觉得睡眠实在不够，妈妈让你中午睡半个小时，可是中午你睡了吗？

古代人读书头悬梁锥刺骨，他们就不想早睡多睡吗？你也知道祖逖闻鸡起舞的故事，一个人要想比别人优秀，却和别人一样吃喝玩乐，他可能比别人优秀吗？你梦想自己长大之后有一个属于自己的在海边带花园的房子，你还有其他很多美好的梦想，这意味着你要比别人优秀。每个人一天的时间都是一样多，都要吃喝拉撒睡，除掉我们必须做的事情之外，要想多学本领就必须时间里挤时间。时间就像海绵里的水，只要挤总是有的。我们知道你除了学习之外还要练琴，关于学琴，妈妈也不是想逼你，你真不想学琴我们就此放弃，可你说喜欢还不舍得放弃，那么妈妈尊重你的选择。如果你想平庸，那么我们现在就享受，只要“老大”那天你不“徒伤悲”，可你说你不想平庸。

学校教育你要接受，学校的纪律你要遵守，不能迟到，连这一点都做不到，你还算一个合格的小学生吗？更不用说一个优秀的小学生了。孩子，不必委屈，没有理由埋怨，每个人都要遵守作息规律，每个人都要严格要求自己，该做什么就去做什么，拖拖拉拉最终会一事无成，终有一天你会后悔莫及。

四　“我要穿裙子”

镜头回放

近几年裙子花样翻新，夏天穿的、春秋穿的各式各样，到了冬天，小短裙配长筒靴成了一种时尚。今年冬天妈妈一改往日的装束也穿起了裙子和长筒靴子，这种装束，上衣的搭配也很重要。当我在镜子前左照右照前后打量的时候，你终于忍不住了，对我一肚子不满：“妈妈，光你自己漂亮，我也要穿裙子。”

妈妈的话

亲爱的孩子，从小学到中学，妈妈穿的差不多都是你姥姥做的老式土气的衣服，到了师范，妈妈一年四季差不多就是一身校服。可妈妈一直是班里的佼佼者，老师、同学都对妈妈刮目相看，因为妈妈学习好、品德好、体育好，每学期总会拿回“三好学生”奖状。那时候妈妈爱不爱美？爱。妈妈也喜欢漂亮衣服，但那时候哪有钱买漂亮衣服？也就是心里想想罢了，妈妈把心思都用在学习上，还天天劳动，常常运动。

现在，妈妈是大人了，大人的穿衣戴帽有大人的审美标准，小孩子的服饰打扮有小孩子的衡量准则，不能一概而论。你看，每次你穿的衣服，你的好朋友总是不无羡慕，啧啧称赞。你自己喜欢，好朋友喜欢，就是好衣服。近几年大人烫发染发成为一种公认的美，小孩子也都这样去做？当然不能。“天然去雕饰，清水出芙蓉”，小孩子有天然美，有天真美，有健康美。

不管在什么地方你看到一个比你小的孩子，你总是禁不住地多看人家一会，甚至目光追随着人家看上老半天，有时不停地感叹：“这个小孩儿太可爱了，我真喜欢他。”是因为这些孩子漂亮你才喜欢他们吗？当然不是，是因为他们可爱。

“人不是因为美丽而可爱，而是因为可爱而美丽。”这句话你也耳熟能详。是的，小孩子天真无邪，憨态可掬，是可爱的。一个成年人淳朴善良，正直向上，有着良好的品德修养，他也是可爱的，也一定是美的。

我们都知道白雪公主有个后母，她有个魔镜，当白雪公主小的时候，魔镜说她是天下最漂亮的女人。等白雪公主长大后，魔镜说白雪公主是天下最漂亮的，那么白雪公主的后母不再是天下第一美人，也应该是天下第二美人吧？天下第二，应该也很美吧？可她三番五次地要置白雪公主于死地，你能说她是美的？那七个解救白雪公主的小矮人，尽管矮小，可他们是多么勇敢善良。

等你再大一点，你读了世界名著《巴黎圣母院》之后，你也会知道这里面有个叫卡西莫多的人，他有着丑到极点的相貌：几何形的脸，四面体的鼻子，马蹄形的嘴，参差不齐的牙齿，独眼，耳聋，驼背……似乎上帝将所有的不幸都降临在他的身上了。但雨果塑造的绝不仅是一个简单的“丑八怪”，他赋予了卡西莫多一种“美丽”，一种隐含的内在美。卡西莫多的外貌丑陋，但是他的内心却是高尚的。他勇敢地从封建教会的“虎口”中救出了艾丝梅拉达，用“圣殿避难”的方法保住了姑娘的性命。在圣母院中，卡西莫多无微不至地照顾艾丝梅拉达，这种无私的奉献和副主教膨胀的私欲，一善一恶，恰好形成鲜明的对比。

孩子，一个人外表美不美是次要的，重要的是要真诚善良，品德高尚，最高层次的美是外在美与内在美的和谐统一。你现在还小，不要只盯住自己的服饰和别人的服饰，像妈妈当年那样，静下心多学本领吧。

五 “我要到饭店过生日”

镜头回放

盼啊盼啊，再过几天就是你的生日了。问你怎么这么想过生日，你说可以吃生日蛋糕啊。“原来你是馋蛋糕吃，那么给你买几个吃？”“不，我要吃生日蛋糕。”“行，过生日我们给你买个蛋糕。”“不，过生日我要上饭店，还要请许多小朋友，请我们家的所有人，都为我庆祝生日。”

妈妈的话

亲爱的孩子，孩子的生日是妈妈的难日，其实孩子生日那天最应该感谢的人是妈妈，是妈妈把他带到这个世界上来的。

十月怀胎，一朝分娩，在妈妈肚中的这十个月，你何曾知道妈妈的辛苦？前三个月妈妈开始了早孕反应，恶心、呕吐、嗜睡。为了保证你的营养，妈妈又必须好好吃饭，有的东西吃了就吐，没办法只有等好受些再吃。这期间妈妈还要上班，下了班做家务，什么事都不能耽误。你在妈妈肚中安逸地生长着，很快就长到五六个月。妈妈的肚子大起来，弯腰低头的事情开始感觉困难，像穿鞋、洗头、洗衣、洗菜、拖地、做饭这些事，总不能都让爸爸一个人干吧？再过几个月你长得更大了，妈妈的肚子像扣了个大球，体重比平时多了四十多斤，臃肿笨拙，脚和小腿也开始肿。妈妈的行动更不方便了，上下车要捂住肚子，抓紧扶手，时刻保护着你；走路要小心，人多车多嘈杂的地方要躲避。这些还都好说，最难受的就是晚上睡觉，平躺侧躺感觉呼吸都困难，但这些都伴随着对你的期待在兴奋幸福中度过了。

八年前你生日这一天你出生了，来到我们身边，成了我们家中重要的一员。出生这天因为你体格过大、体重超标，妈妈剖宫产生下你。因妈妈子宫不收缩，失血过多，医生一边给妈妈补血，一边把刚刚缝合的刀口又拆开，伸进手人工帮助妈妈的子宫收缩，此时麻药持续的药性消失，妈妈疼得唉哟唉哟直叫，但最终一切痛苦换来一个健康的你。

此后的日日夜夜，妈妈几年再也没有睡过一个囫囵觉。每晚给你喂奶、换尿布、盖被子。你生病发烧，妈妈几乎寸步不离地守在你左右，给你喂药喂饭，如果可以，妈妈宁愿替你生病难受。你一天天长大，我们对你寄予了更多的期望，尽我们所能地让你吃好的，穿好的，上最好的学校，受最好的教育。将来如果你学习优秀，要出国深造，妈妈还打算卖房子全力供你。总之，妈妈希望你健康，希望你聪明，希望你才华出众、脱颖而出，为此妈妈再苦再累也心甘。孩子，你说，你生日这一天是不是应该想到妈妈，想到给妈妈一个亲吻一个拥抱?

爷爷、奶奶、姥姥、姥爷过生日的时候，我们一大家子到饭店吃吃喝喝，你觉得热闹也羡慕。但你要知道，他们是老人，他们辛苦一辈子，把子女养大成人，他们功成名就，过生日是他们苦尽甘来的享受。

你也看到，平时爸爸妈妈上班工作，做家务和照顾你，忙得团团转。你大姑家是这样，你大姨家、舅舅家都是这样，大家各忙各的。老人生日这一天，我们聚一块吃饭聊天谈心，老人看到他们的小辈团结一心友好和睦，他们心满意足。也因为大家平时奔波忙碌，老人生日这天，我们拿出几百块钱买个舒服自在，到饭店享受饭来张口的生活，放松紧绷的神经，不是一举多得的事情吗？

其实，老人的生日过一个少一个，他们一天天走向衰老，他们非常清楚这一点，所以每年过生日的时候，他们也为自己健康地活着而高兴，也愿意小辈为他们庆祝，这也是小辈孝敬他们的机会。

孩子，生日是自己出生的日子，只是一个纪念。你看到过爸爸妈妈隆重地给自己过生日吗？没有，爸爸妈妈为生计、为工作、为事业而忙碌，我们也在努力实现自己的人生价值，认真踏实地过好每一天，不枉我们来到人间走这一回。孩子，知道这一点，生日也就无所谓了，平淡地对待生日，过好每一天才是最重要的。

六　“我要看电视”

镜头回放

你特别喜欢看电视，只要一打开电视你就忘乎所以，一个节目连一个节目地看，就连广告都看得津津有味，当然你最喜欢看的就是动画片了，但动画片之后也不见你主动关过电视。没办法，只能在时间上限制你，半小时或一小时后，催着喊着让你关电视，你在不情愿中磨磨蹭蹭地关上电视。有时你看得正起劲，催你不下十遍而你还是无动于衷的时候，我毫不留情地给你关上，你哭喊着反抗着："我要看电视，我要看电视！"

妈妈的话

亲爱的孩子，别怪妈妈心狠，妈妈不是想剥夺你看电视放松娱乐的权利，只是妈妈不能一味地纵容你，不能一味地由着你的性子来。你对电视的着迷如果不加控制，天长日久会怎样呢？如果有时间就看电视，那你什么时间写作业？什么时间练琴呢？每个人一天的时间都是一样多的，都是有限的，我们应该学会割舍，学会合理安排时间，学会有效利用时间。

妈妈曾经给你讲过"玩物丧志"这个成语的意思，古代人没有电视看，但他们如果对一项娱乐活动着迷，再聪明、再有大志的人，最终也会一事无成。如果你继续无节制地看下去，那也会"玩物丧志"，最终有一天你会"空悲切，白了少年头"。

现在电视节目丰富多彩，也五花八门，有的适合小孩子看，有的即使是动画片也未必健康有意义。前几年就有几部动画片被批判，说是有色情暴力色彩，当然妈妈没有看也没有发言权。妈妈也不可能先给你过过关，适合你看再让你看，只是提醒你电视节目要学会筛选着去看。但怎么筛选？妈妈只能大体地告诉你，哪些该看，哪些不该看，哪些适合你看，哪些不适合。

看电视只是暂时地放松头脑神经，只是娱乐，如果要通过看电视学知识开阔眼界，那你就错了。妈妈知道有很多节目是让我们长见识开眼界的，比如新闻联播、动物世界、人与自然、科学探秘等，但浩瀚的科学知识、深厚的人文知识，不可能浓缩在短短几十分钟的节目里。我们要学知识长见识，还是要老老实实读书，博览群书。有科学家调查统计，看书多的孩子比看动画片多的孩子在想象能力、思维能力等方面表现突出。尽管动画片画面生动有趣，色彩鲜艳，变化莫测，但长期看下去会使头脑简单，就连语言也不够丰富。有文章也批评很多学生写作文，他们想表达自己的高兴喜悦的心情，只会用“哇噻”“耶”之类，实在令人肉麻，也单调乏味。

你说，爷爷奶奶他们怎么整天看电视？一大早打开，吃饭也看，晚上也看。那么，妈妈问你，你和爷爷奶奶的区别在哪里？他们到了这个年纪还有什么追求吗？他们还要奋斗吗？他们看电视，白天黑夜地看，他们以此为乐，无可厚非。爸爸妈妈看，也是放松。我们工作了一天回到家，看看电视也是放松一下而已。你和爸爸妈妈也没有可比性。

还有人人皆知的原因，连续看电视时间长了眼睛就会疲劳，眼睛长期疲劳就成了近视眼。近视眼的苦恼妈妈深有体会，妈妈希望你

有一双明亮的眼睛，不要像我。电脑游戏控制着你玩，让你自觉自律，也是同样道理。孩子，妈妈希望你严于律己，学习和放松合理结合。

tuán jié yǒu ài

团结友爱

一 “我没有欺负他”

镜头回放

有一天老师找到我，告诉我你们班有个小男孩的家长跟老师告状说你欺负他，说你踩他的脚。回来问你是不是欺负过人家，你一脸茫然，“我没有欺负他”。再问关于踩他脚的事，你说是上操时候踩的，不是故意踩的，是站队时没看见不小心，当时已经跟他说对不起了。

妈妈的话

亲爱的孩子，早就听你说你们班里这个小男孩的事情，你说他可怜，因为他个头特别小，尤其是他手特别小，同学们都笑话他，有的还拿他取笑。我嘱咐你不能像别的同学那样对待他，更不能取笑他，取笑他是不道德的，同学间应该互相帮助。你告诉我，你平时就是这么做的，说你下了课让他和你们一块跳皮筋，但是他不跳，你找他说话他不理你，你就不找他了。

我知道你是个善良诚实的好孩子，不会欺负别人，也不会撒谎。平时你和小伙伴玩的时候，妈妈早就发现你让着比你小的孩子，而且有时你还像个大姐姐一样照顾他们，所以妈妈相信你。只要我们做得对，我们不怕别人怎么说我们。小男孩的家长保护他的孩子也没有错，可能他是个特殊的孩子，他的父母对他给予于更多的关心照顾吧。

对待别人的批评我们“有则改之，无则加勉”，也不用委屈生气。不是有句话说记恨别人，生别人的气等于拿别人的过错惩罚自己吗？但是如果我们做错了，我们必须改正。如果那天做操你真的无意踩了他的脚，那么及时地说声“对不起”，真诚地向他道歉，他会原谅你的。其他事情同样道理，如果我们错了，就要老老实实地承认自己的错误，并且及时改正。每个人都会犯错，有错不可怕，怕的是有错不能及时改错，一错再错。

孩子，对于弱小我们不能去欺负而且还要保护，我们做好我们该做的，如果他们不接受我们也不要觉得委屈。学会和不同的人相处，这也是一门学问。你的同桌，你的前后桌，你们班里任何一个同学，他们来自不同的家庭，受到不同环境的熏陶，再加上他们自身不同的性格特点，说话做事各不相同，所以要学会和每个同学相处。小时候学会和同学友好相处，长大学会和各种不同的人相处，才能很融洽地融入这个多姿多彩的社会中来。

二　“我玩一会行吗?

镜头回放

每天放了学你总会在我们小区的秋千上荡一会，让我把你摇得高高的，你快乐地大叫。可有一天放了学有几个小孩在玩，那一直

是你乐此不疲的事情，你多么想马上玩，你让我跟他们去说你想玩，可我就是不去说，反而让你自己去说，你不去。不说不说吧，那我们不玩了直接回家，你一肚子不情愿。第二天，秋千上还是有小孩在玩，这一次你自己去说了，“我玩一会行吗？”秋千上的小孩很友好地下来让你去玩，你高兴极了。

妈妈的话

亲爱的孩子，其实和陌生人打交道不是特别难的事，你看你去说了，果然就可以高兴地玩了。如果你不去说他们不可能主动给你让出来，人家凭什么让给你啊？如果是你，看到别人想玩，你可能会让，但让毕竟是少数啊，而且在人家没提出来的情况下，自己主动让位的更少，所以只有自己去说，才有可能争取到自己玩的权利，享受到玩的乐趣。但是让你去说，并不是让你去抢先玩的机会，去说等于和他们商量，商量不成我们不强求。

妈妈之所以让你自己去说，一是想让你知道，和陌生人打交道，没有可怕的，也没有什么害羞的，更何况他们和你一样是些孩子，应该自己去说。二是想让你知道，如果你不去说或者说你自己不去争取，你确实想玩秋千，你就在那等人家玩完了你再玩，要么你就玩别的活动器械，要么就老老实实回家，是让你学会选择。三是想让你知道，机会是自己努力争取的结果，不要指望家长、别人帮你，自己努力了，即使争取不到我们想要的结果，我们自己无怨无悔。如果这次你自己去说了，小孩不让你先玩，妈妈一样高兴，一定会陪你多玩一会的。

孩子，这次你自己去说了，迈出了成功的一大步，你自己高兴，妈妈又何尝不替你高兴。长大以后你会明白：去说，只是件多么简单的事情，很多事情需要双方商量谈判，而商量谈判需要很多技巧，更需要知识谋略智慧，所以为了给自己争取更大、更多、更好的机会，现在开始努力学习吧。

三　“为什么每次都怪我？”

镜头回放

舅舅家的弟弟你是不见就想，见了玩一会儿就吵，而每次争吵你总少不了挨训，为此你总是耿耿于怀。这一次你又挨训了：你们一块看书，本来你一本弟弟一本，结果弟弟不好好看非要你那本，而你那本还没看完就没给他。结果三争两争弟弟哭起来，他一本也不给你看。而你不服气委屈气愤地据理力争：“这些书都是我给你的！”他不识趣又不认账，于是双方争执不下都觉得冤。这时姥姥出面，开始训你弟弟不懂事，结果没把他训听话反而哭声更大。我一看势头不妙，就开始数落你：“你让着他什么事没有！”你更冤，哭哭啼啼：“为什么每次都怪我？”

妈妈的话

亲爱的孩子，弟弟现在只是个幼儿园的孩子，你能让他多么懂事？你不是他的姐姐吗？你不是个三年级的小学生吗？你懂的道理比他多，怎么能和他一般见识？他要书你给他就是了，这些书你不是都看过了吗？等他不看的时候，他玩别的玩具的时候，你再看，尽情地看，看个够，不行吗？如果当时那本书你真看进去不舍得放下，也没有错，你可以和他商量，可以转移他的注意力，怎么哄怎么讲道理都行，只要他能听进去达到你的目的，这就是你的本事。

不过，妈妈说的是哄不是骗。哄是委婉地解释让他明白道理，骗是歪曲事实，蒙蔽他瞒着他。哄是善意，骗是恶意！哄是让人开心，骗是让人难过！不能骗，也不能打，骗人是心术不正，打人是粗俗野蛮，这些都要不得。即使你长大后，当你的权益受到威胁损害的时候，不管对方是自己家的人还是外人，都不能骗人打人，要努力用正义的力量维护你的权益，做一个正直的人。

每次你和弟弟发生了小纠纷，妈妈都训你，没训弟弟，不是像你说的那样妈妈爱他不爱你。你是妈妈的孩子，每个妈妈都最爱自己的孩子。妈妈训你是因为你比弟弟大，比他懂事，能听懂道理，知道什么是对什么是错。妈妈训你是要告诉你，要让着他，要宽容待人。你是妈妈的女儿，妈妈有权利有义务训你，教育你，帮你改正坏毛病。妈妈训你是因为，妈妈还要考虑和你舅妈的关系，有时大人间也可能因为各自护着自己的孩子，而发生矛盾呢。再说，姥姥不是训他了吗？妈妈不是也哄他给他讲道理了吗？

孩子，多反省自己吧，遇到问题动脑筋想办法，达到自己的目的才是本事，一味地哭是软弱无能。一个巴掌拍不响，你俩争吵，哪怕对方再不对，其中总有你的错，要勇于认识自己的错误，勇于面对批评并且改正它，要一天天长大，一天天成熟，一天天坚强。不要一味地揪住别人的小尾巴，得饶人处且饶人，做一个宽容大度的人。孔融三岁让梨的故事早已家喻户晓，妈妈希望你牢记心头。

rènshíshèhuì
认识社会

一 “上下楼梯贴墙走，上下看”

镜头回放

三年前，就在我们家附近有一女会计回家被跟踪歹徒乱棍打成重残，瘫痪痴呆了两三年。经全力医治，现在有所好转，但生活仍然不能自理。看电视也经常看到婴幼儿被拐卖等案件，于是对你看管得更加谨慎，上下楼梯时特别小心，并特意示范给你看，告诉你要贴墙走，上下看，从小养成这种习惯。有时时间紧我噌噌上楼，你就在后面提醒我：“妈妈，贴墙走，上下看。”

妈妈的话

亲爱的孩子，上下楼看着你侧着身眼睛前后瞅的样子，妈妈几许欣慰几许担忧，欣慰的是你这样上下楼树立起保护自己的意识，时刻提高警惕；担忧的是生活中有更多有形无形的险恶，你能时时处处识破并保护自己吗？妈妈不能一直这样在后面盯着你保护你啊。

孩子永远是爸爸妈妈心头的肉，我们看电视看到多少丢失孩子的家庭，他们牵肠挂肚以泪洗面。苦苦寻找，有的找到了，有的十年二十年一辈子没有找到，这种骨肉分隔生离死别的日子没法想象。所以，孩子，保护好你自己，不让歹徒有任何的可乘之机，一家人团团圆圆地生活在一起，即使粗茶淡饭，但那是多么幸福快乐啊。

生活中有许多骗子，骗钱、骗色、骗他们想要的一切，他们往往混入嘈杂的人群，或者出没于人少的楼道、隐蔽的角落，或者扮成送水、送报甚至乞讨的。他们的糖不能要，那是裹着花衣的炸弹；他们的花言巧语不能信，那是迷惑人的毒药；他们就是披着羊皮的豺狼。可疑陌生人的话不能听不能信，可疑陌生人怎么叫门都不能开。孩子，生活中有许多美好，但也有许多险恶，歹徒形形色色，我们要学会识别，提高警惕，识破险恶，警惕歹徒；要学会自救，要勇敢，要机智，这需要我们锻炼我们的身体，增强我们的体魄，需要我们多读书多学习，增长我们的智慧。

孩子，我们要有一双慧眼一颗慧心，学会分辨真善美假丑恶。总有一天你要自己走路，总有一天你会长大自己生活，妈妈不会永远陪伴你左右，你只能自己保护好自己。孩子，永远记住——生命属于自己，人的生命只有一次。只要活着，只要健康地活着，我们还有很多美好的梦想要去实现。活着，一切才有希望。

二　“我要攒钱买房子”

镜头回放

这几年大家都有钱了，大人们出手越来越大方，过年时你的压岁钱由最初的五六百渐渐地升到了一两千，每次先让你过把瘾，由你用自己的一个大钱包收藏保存着，过段时间再收回来。收回来的时候你也挺痛快，二话不说交给我。今年因为买房装修还缺两千块钱，和以往一样建议你拿出压岁钱为家里作贡献，没想到这一次你死活不肯。很不解，这么多钱你拿着干什么？左哄右问，终于你哭哭啼啼地告诉我："我要攒钱买房子。"买房子？买什么房子？"我要买个海边有漂亮公园的房子。"

妈妈的话

亲爱的孩子，妈妈想起来了，那天我们一块逛超市时路口有人递给我们海景房的宣传图册，当时没有细看就顺手塞进包里，回到家我们俩仔仔细细地看了，还谈论这些房子多么漂亮，想象着如果我们能买上这样的房子那该多好啊。没想到你记在心里了，并且还下了决心要自己攒钱买，确实令妈妈惊讶。这么小就有自己的想法，而且为了实现它你从小就开始努力，这就是志向，这就是追求，看来你人小志高。

去年我们刚买了我们现在的这处房子，因为经济能力问题，这个地方不是你我最满意的地方，但却是你我生活都方便的地方，你上学五分钟，我上班五分钟，到市场十分钟。我们买了房你高兴，但同时却让你内心里产生了自己买房的决心，这是出乎妈妈意料之外的。

孩子，住的地方其实就是下了班放了学回到家吃饭休息放松的场所。外面的环境再美丽，我们顶多出去散散步。其实，我们出去散步也是偶尔的事情，外面的环境再优美我们也不可能在窗口天天看着它欣赏它。我们的生活总要量力而行，根据自己的条件选择我们的住所。当然，如果爸爸妈妈有能力，我们会选择外部环境更优美的地方安家，毕竟住在优美的地方心情也会舒畅。但是，孩子，我们要知足常乐。爸爸妈妈能靠自己的能力买上房子，而且尽我们所能地把我们的家装修布置得典雅、整洁、漂亮，我们觉得这已经很了不起了，我们从内心里感到欣慰自豪。我们自食其力，我们知足常乐。

勤俭是咱们的传家宝，孩子，你从小知道攒钱办大事，不乱花钱，妈妈很高兴。我们的祖辈人，他们都是勤俭节约的典范。妈妈小时候也过着勤俭节约的日子，衣服你大姨穿小了就给妈妈穿，一件衣服总得穿个三四年，小了接上块，碎了缝缝补补。现在生活好了，衣服不再需要缝缝补补，但生活依然要勤俭。因为房价太高，这七八年爸爸妈妈竭尽全力才攒够了首付钱，又贷了三十万的款才买上了这个房子。现在房子是买上了，但每月要还银行贷的款，日子还是要节俭着过。孩子，买房不是全靠攒钱，更不是靠从小攒钱。钱靠攒，永远攒不够，因为物价上涨货币贬值。你知道妈妈小时候水果糖多少钱一块吗？一分钱。现在一分钱面值的硬币纸币都成收藏品了，一块水果糖最便宜也要一角钱，翻了十倍。二十年前一个村里有个万元户了不得了，现在谁家万元户就是困难户。孩子，你真想买房，那是你长大以后的事情，如果长大你有本事，自己买个心满意足的房子，爸爸妈妈会为你骄傲自豪。

孩子，如果你向往美丽，那么就为了这个梦想从小学好本领吧，有一天海边有漂亮公园的房子一定会属于你。但是有一点你要牢记，不管在哪住，爸爸爱妈妈，妈妈爱爸爸，父母爱孩子，孩子爱父母，一家人其乐融融，共享天伦之乐，家才能真正成为我们温暖幸福的港湾。

三　“爸爸妈妈不爱我”

镜头回放

你小的时候看到爸爸妈妈挨着坐一块看电视，你总会马上坐到我们中间去；爸爸妈妈拉着手，你马上把我们的手分开。你渐渐大点的时候，一点点地给你讲其中的道理，你也一点点地明白，有所改变，但内心里还是不愿看到我们挨得近拉着手。那天你在你的房间里写作业，我们在我们的房间里说说笑笑，可能谈到高兴时，我和爸爸一块大笑几声。这时你的房间里却传来愤怒的哭叫声：“你们在笑什么？你们不爱我了。”

妈妈的话

亲爱的孩子，怎么能说爸爸妈妈不爱你了呢？一直以来你是爸爸妈妈的最爱。

当我们知道你在妈妈肚子里安家落户的时候，我们兴奋激动，我们知道，从此以后你就是我们这一生中不可或缺的一分子。为了让你吸收更多的营养，让你长得健壮又聪明，爸爸下厨做饭，妈妈吃得比平时多比平时全，妈妈坚持锻炼散步，听音乐读书。终于你呱呱坠地，我们的世界因你而精彩，我们把全部的爱都给你。我们努力给你吃最好的，拉着你的小手摸着你的小屁股，和你说悄悄话，给你看五彩缤纷的图片，陪你玩叮当响的玩具，给你讲故事读儿歌，给你拍你吃喝玩时的有趣的照片。你是在爸爸妈妈温暖的怀抱里，沐浴着我们爱的阳光雨露，一天天长大，然后上幼儿园上小学，你怎么能说我们不爱你呢？

你害怕爸爸妈妈吵架，喜欢爸爸妈妈和睦，可为什么不能容忍爸爸妈妈手拉手恩恩爱爱呢？爸爸爱妈妈，妈妈爱爸爸，我们才走到一起，才有了你。有了你，爸爸还是爱妈妈，妈妈还是爱爸爸，但是爸爸妈妈都最爱你，我们的孩子。

有些小孩的爸爸妈妈不再相爱，甚至反目成仇，就彼此分开不在一起了，那就是离婚。这样的事情你看电视也看到了，我们身边也有爸爸妈妈离婚的例子。“爸爸一个家，妈妈一个家，剩下我自己好像是多余的。”爸爸妈妈离婚的孩子，会为爸爸妈妈的分开而悲伤难过，我们听了看了，也会跟着悲伤难过。爸爸妈妈虽然分开了，爸爸永远是孩子的爸爸，妈妈永远是孩子的妈妈，他们爱孩子的心是永远不变的。是的，这一点没有错。但是相比较而言，爸爸妈妈相爱，爸爸妈妈孩子共同拥有一个家，一个完整和睦的家，一家人围坐在桌旁，一起吃饭看电视聊天说话，是多么幸福快乐的事情啊。所以，孩子，为爸爸妈妈相爱而感到高兴吧，我们相爱会努力创造好生活，会更加倍地爱你。

亲爱的孩子，在爸爸妈妈心目中你就是一朵盛开的花，娇艳欲滴，芬芳四溢；你就是一个圣洁的天使，纯真善良，楚楚动人。你小时候的照片，爸爸妈妈常常看看翻翻，回想那一刻的点点滴滴；你熟睡时憨态可掬，我们左亲亲右吻吻。你是我们手心里的宝，无论你长多大，不管你飞多高。

孩子，你是一棵小苗，爸爸妈妈用全部的身心呵护你，希望你茁壮成长。孩子，你永远是我们的最爱。

四 “当女人真麻烦”

镜头回放

以前来月经的时候，怕你看见，总是把洗手间的门关得紧紧的，但有一次还是不小心被你看见了。你看见妈妈内裤上的血吓了一跳，本想胡乱编造个理由搪塞你，又一想晚知道还不如早知道，到时让你学会从容应对不慌乱，于是跟你大体讲了这是怎么回事。你似懂非懂一脸无奈，叹了口气，“唉，当女人真麻烦。”

妈妈的话

亲爱的孩子，你很小的时候就喜欢穿漂亮衣服，喜欢抱着布娃娃，搂着它亲着它，喜欢给它梳小辫儿戴发卡，“过家家”时你给它当“妈妈”，你是那么快乐。而你弟弟可不是这样，他剃个小平头，一大箱子玩具除了枪炮就是汽车飞机，喜欢冲锋陷阵，喜欢打打杀杀，他也很快乐。

其他女孩和你一样，其他男孩和你弟弟一样，这就是男孩女孩不同的特点。女孩有女孩的生理特点，男孩有男孩的生理特点，这是谁也改变不了的。出生的时候医生就以长没长“小鸡鸡”，告诉每一个妈妈生的是男孩还是女孩。你也知道小男孩从小可以站着用“小鸡鸡”撒尿，女孩没有“小鸡鸡”必须蹲着撒尿。

女孩一般十二三岁的时候进入青春期，身体开始发育，出现“月经”，月经就是每隔一个月左右，子宫内膜发生自主增厚，血管增生，腺体生长分泌以及子宫内膜崩溃脱落，并伴随出血的周期性变化，这种周期性阴道排血或子宫出血现象，称月经。女孩月经期间不能着凉，不能剧烈运动，要注意休息，照顾保护自己。除此外，乳房臀部等开始显出女性特有的体态。等你长到十八岁的时候就是大姑娘了，就是一个大人了。

而男孩子差不多十三四岁发育，喉结开始突出，声音变粗，再大点长出一层小胡须，这是自然规律必然现象。如果一个男孩女孩，到了相应的阶段不出现相应的特征，说明他/她有可能不健康呢。

孩子，等你第一次来月经这天不必惊慌，你应该感到高兴，这标志着你一天天长大，一天天成熟起来。每月来月经是有点麻烦，但不要以为每月的月经都是麻烦，只有每月按时来月经，才说明我们是健康的，也说明长大后可以做妈妈。而且月经和我们身体内部的内分泌是紧密联系的，它和年轻也是紧密联系的，我们还应该感谢它呢。

每个人的身体都是神圣不可侵犯的，特别是女孩子，比如大腿、腹部、胸部、脸颊等，都是别人不该动的地方。当然如果在活动中哪个同学无意间碰了其中某个部位，也不必大惊小怪，只要对方不是故意就行。

孩子，今天妈妈先告诉你这些，就是让你坦然接受我们的身体特征，从容应对身体悄悄发生的变化，健健康康、快快乐乐地学习生活。

五　“妈妈，你不是优秀老师？”

镜头回放

我的两个师范同学现在成了我的上司，人家荣升为主任级，一个教导主任，一个总务主任，而我还是个普通的老师。每周校委会成员轮流戴着“值班校长”的牌子，监督检查全校师生，威风凛凛，学生见了老老实实，规规矩矩，你也是这样。有一天，你问我：“妈妈，人家航航的妈妈是校长，管着全校，你怎么不是？你不是优秀老师？”

妈妈的话

亲爱的孩子，你这样问，妈妈多多少少感到有些惭愧，不管什么原因毕竟妈妈没有戴上“值班校长”的牌子让你自豪，引以为荣。但妈妈又问心无愧，妈妈自信自己是个优秀的老师。

可能你以为优秀的老师才当“值班校长”，才管着普通的老师，普通的老师不优秀。孩子，这个问题稍微有些复杂，等你长大工作之后，你会慢慢或者很快明白的，妈妈不多讲。但有一点是肯定的，当“值班校长”的老师他们的管理能力比妈妈强，妈妈自叹不如。但是他们当“值班校长”还是要上课，而备好课上好课，做好学生的思想工作，开展好各项有意义的活动是一个老师最本职的工作。

一个老师不管他是不是“值班校长”，不管他教什么课，只要他把自己的本职工作做好，他就是一个优秀的老师。

十几年来妈妈一直在认真、努力做好本职工作，从来没有懈怠，自觉遵守学校各项规章制度，精心备课上课，耐心、细心地做学生的思想工作，积极配合学校开展丰富多彩的班级活动，还善于学习，勤于思考，注重积累。你说，妈妈是不是一个优秀的老师?

到了教师节，有的老师会被评为“优秀教师”上台领奖，但领奖不能说明你就是最优秀的，不领奖也不代表你不优秀。妈妈也上台领过奖，但不可能每年都领奖，每个老师都是这样的。

孩子，你完全可以为妈妈自豪，因为妈妈是一个优秀的老师。而且课余时间妈妈也不像有的妈妈一样，迷恋看电视、打扑克、玩游戏、睡懒觉、美容、逛街。妈妈喜欢读书看报，而喜欢读书看报的人也是优秀的，妈妈也希望你喜欢读书看报，做一个优秀的人。

等你工作了，只要尽心尽力把本职工作做好了，即使你只是个小老百姓，妈妈一样为你自豪。当然，如果你有管理才能担任单位领导职务，而且当了领导能做好本职工作，妈妈更为你骄傲。

六　“妈妈，你真能贪便宜”

镜头回放

那天我带你逛街，进了一家卖风衣的店。看好一款问价，店家要三百二，我很随意地给他讲价，二百二吧。店家要二百八，我说就二百二。店家说她让十块钱，二百七。还没等我表态，你等不及了，对我一肚子不满："妈妈，你真能贪便宜。"店家可抓着我的把柄了："你看你女儿都嫌你贪便宜，已经很便宜了。"你不和我统一战线我很生气，正好找个理由，"二百二，你不卖我就不买了。"带着你出了店门口。这时店主追出来说要卖给我，我打了个幌子说再转转看看吧。她背后肯定骂我，白磨了一顿嘴皮子。

妈妈的话

亲爱的孩子，你要知道服装除了在大商场和一些专卖店明码标价，人家卖多少钱是多少钱，价再高你愿买谁也挡不住你。其他地方都可以讲价，人家要一百元一件，你能讲到十元一件，只要人家能卖给你，那是你的本事。

为什么要讲价呢？商店老板都要到工厂进货，他们以低价进货，再以较高价格卖出去，挣其中的差价，这就是他们的利润。比如他们八百元钱进了十件风衣，那就平均一件衣服八十元钱。他们每件风衣卖价是三百二十元，他挣我们多少钱啊？一件挣二百四十元！当然每件风衣人家还要摊进运费、店面的租金、水电费、人工费等。假设他们挣不了二百四十元，除去这些费用也差不多挣一百来块吧。你不跟他们讲，人家挣你这么多钱可能还背后说你是个傻瓜呢。

双方认为价格合理，一个愿卖一个愿买，谁也没有错。妈妈跟他们讨价还价，就是想让他们少挣我们的钱。他们觉得合算就卖给我们，他们不卖的话我们就不买，或者给他们加加价。我们还可以货比三家，这是我们的权利和自由。

花最少的钱买最好的货，就是追求物美价廉，妈妈买东西就是本着这个原则。你看商场里经常有打折的衣服，原价一千，打三折三百。就比别人晚穿了一个月或者半年，即使晚穿一年也没有关系，因为衣服变来变去也没太大变化，不可能今年刚流行，明年就老土了。妈妈花了三百元钱买了一件原价一千元的衣服，少花了七百块钱。这七百元钱如果要买新衣服的话，完全可以再买一件比较高档的。如果不买衣服，我们还可以买一大堆食品呢。你说妈妈这样做划算不划算？

与卖家讲价是维护我们的权益，但有时讲价也没什么意思和必要。比如我们到市场买菜，芹菜一元二角一斤，你非要一元一斤。首先人家肯定不卖，卖菜的本小利小，每斤就挣个几角钱，卖的斤数多了才挣得相对多一些，他们挣的是辛苦钱，风吹日晒的。假设一元钱一斤人家卖给我了，我买了两斤，一共才省了多少钱呢？四角。值不值？不值。其实我们不讲价就是考虑他们不容易。

孩子，你说妈妈贪便宜，妈妈很伤心，尽管你是无意的，但你不理解妈妈的心。你不当家不知柴米油盐贵，如果买什么都不在乎价钱，看好什么就买什么，那我们一个月需要支出多少钱啊？如果我们这个月提前把钱花光了，那我们吃饭怎么办？用水用电怎么办？所以妈妈要算计着过日子，我们的花销要有计划性，要在我们的承受范围内。妈妈和爸爸是普通的工薪阶层，我们必须量力而行。

孩子，生活每天都要花钱，该花的我们一点不吝啬，不该花的我们也不能乱花，这就是生活中消费的学问。

七 “妈妈，这些要饭的真可怜”

镜头回放

集市路口人群比较密集的地方，公园里比较固定的一个角落，商场门口一二百米处的盲人道上，总会有那么一两个乞讨者。有时还有妇女抱着两三岁的孩子，也在乞讨着，甚至一个五六岁的孩子像那些大人一样独自乞讨。有的坐在地上，有的跪在地上，有的甚至趴在地上，面前放着一个破旧的大茶缸，里面零零散散地放着几个一毛的、五毛的、一块的人民币。人们大多冷漠地走过去，不予理睬，而那些乞讨者也麻木地就那样或坐或跪或趴着，即使偶尔有人投进钱，他们也几乎没什么喜与悲。每次你看到这种现象，总是不无感慨：“妈妈，这些要饭的真可怜。”是啊，他们确实可怜。于是我便拿出一两块零钱，让你给他们放到大茶缸里。你轻轻地走过去放进去。“他们就这几块钱能吃饱吗？他们上哪住？”是啊，他们一定过着饥一顿饱一顿挨饿受冻的日子。

妈妈的话

亲爱的孩子，你说得对，他们确实可怜，连最基本的生存需求，他们都不能保证。出来一天才可能有一天的饭吃，但如果下雨天呢？如果他们生病呢？生病了看病打针吃药的钱呢？真的是难以想象。而且乞讨一天，就这样一个姿势，或坐在地上，或跪在地上，或趴在地上，风吹日晒，风餐露宿，身体怎么能受得了呢？而且这些人的存在也影响了市容市貌，他们还时不时地被城管人员驱逐，他们能到哪里去呢？哪是他们的栖身之地呀？

再看看人们，步履匆匆，也可能司空见惯，对他们几乎视而不见了。即使那些满怀同情的人，拿出一两块钱或十块八块的钱给他们，对他们的生活来说不是杯水车薪吗？又有多少这样的人呢？怎样才能从根本上帮助他们摆脱困境呢？他们依然在贫困线上甚至死亡线上挣扎。孩子，这些不光是你的困惑，也是妈妈的困惑，对他们妈妈无能为力，妈妈拯救不了他们。

孩子，我们只是普通人，我们只能同情他们，遇到他们的时候奉献我们的爱心，除此外我们还能做什么呢？我们呼吁，呼吁每个人对他们伸出援助之手，毕竟众人拾柴火焰高；我们也呼吁有关部门，能出台相应救助政策，解决他们的温饱问题，孩子的教育问题。同时教育引导他们中有完全劳动能力和部分劳动能力的人，想方设法自谋出路，自力更生，从根本上消除城市不和谐的音符。我们期待着他们能过上有家住、有饭吃、有衣穿的生活。

前段时间新闻报道揭发了一些不良分子装扮乞讨者，骗取人们的同情，不劳而获；甚至有犯罪分子把偷抢来的孩子狠心致残，撵上街头乞讨；有的自己用一份“血书”，编造一份生活变故的“血泪史”作催泪弹。人们知道真相后为防止自己上当，就把自己的爱心深深地埋藏，对他们置之不理。可是真正乞讨者因此却雪上加霜，因为更少的人向他们伸出援助之手，他们只有苦苦挣扎。

孩子，当你知道这些事情的时候，你一定会对那些假冒乞讨者深恶痛绝，那我们再次看到遇到乞讨者的时候，你是不是也像很多人一样，对他们不管不问？不，孩子，我们没法分辨真乞讨假乞讨，但是不管真假，我们不能把我们的爱心埋藏，不能因为上过一个骗子的当，而对九个需要帮助的人冷漠地无视。毕竟我们捐给他们钱是九牛一毛，我们自身的生活也没有受到丝毫的影响。所以，孩子，要坚持做一个有爱心的人。

下篇　老师的话

nǔ lì xué xí
努力学习

一　孩子，书读百遍，其义自见

镜头回放

开家长会的时候，你妈妈总向我诉苦：你的成绩总是上不去，阅读太差，每次考试总是阅读丢分，所以尽管得了优秀，但成绩她觉得很不理想，怎么办呢？我们课下聊天时你也谈到自己的苦恼，说自己老是在这个成绩上转悠，很难提高，语文太难了。其实不光是你，我们班不少同学也反映阅读太难了，考试的时候总会在这方面丢分。现在该我这个语文老师着急了：我的学生语文没学好，特别是阅读水平差，我这当老师的能不急吗？

老师的话

亲爱的孩子，其实语文是所有学科中最简单的一门功课，只要你牢牢掌握“书读百遍，其义自见”这个法宝，那语文的学习你会攻无不克，战无不胜。

“熟读唐诗三首诗，不会作诗也会吟”，和“书读百遍，其义自见”意思是相通的。读文章时你读了一遍没读懂，那就不要急着做题，再读第二遍。第二遍还没读懂，那就再读，直到你读懂为止。甚至盯着这一句，这一段，反复读，反复看。就好像要让你看清数清水底共有几条鱼，它们游来游去，而你数来数去，眼花缭乱，有的鱼儿甚至潜入水底，你根本没法数得清。不要急，等它们浮在水面上静止不动的时候你再数。这时候你数得再慢，你反应再不够灵敏，也能数得准确无误。读文章有时就和数水里的鱼儿一个理，慢慢来，你总会读懂。读懂了，不论出题老师怎么考，也考不倒你。

学会读书，学会思考，这种本领，得益于平时的练习，平时要注重这方面的训练，注重这种能力的培养。其实上语文课时，老师和大家一块分析文章，就是注重培养训练大家读书思考的能力。每学一篇文章，老师总是变着法让大家读，默读，指名读，齐读，男生读，女生读，分角色读，读完后评一评，说一说，再读，老师范读等等，读一句，读几句，读一段，读几段，一遍遍地读，每读一遍总有不同的感悟。

“联系上下文理解”是最好的理解词、句、段的方法。反复读，其实就是把上下文、前后句、前后段有机地结合起来，“其义就自见”了。我们学过《当代神农氏》这一课，其中第四部分中有“劫后余生”这个词，你不懂它的意思。不要紧，我们把它放到文中，先找到这个词所在的句子：“夜色下，袁隆平捧着劫后余生的四钵稻苗又悲又喜，像慈母似的抚摸着。”如果结合这句话你还是不理解不要紧，我们再找这句话的上下文。先找它的上文：

十年动乱几乎断送了他的全部实验成果。

那是一个阴沉沉的黄昏，所有搞实验的坛坛钵钵都被砸烂。稻苗与湿泥、污水搅拌成一团。面对着这种惨状，他痛哭流涕：完了，完了，彻底完了……

……

李必湖说："老师，我们知道要出事，事先藏了四钵稻苗呢！"

"啊，藏在哪里？"袁隆平喜出望外。

尹华奇说："在阴水沟里。"

从上文中我们找出其中几个关键点："所有搞实验的坛坛钵钵都被砸烂。""完了，完了，彻底完了。""事先藏了四钵稻苗呢！""在阴水沟里。"这些词句结合起来你就会明白"劫后余生"这个词的意思了吧？还用老师讲吗？还用查字典词典吗？对一个词的理解是这样，对一句话，对一段话的理解，道理是相通的。所以说，多读文章，联系上下文理解是最好的方法，你掌握了这个法宝，阅读题保证你不丢分。

孩子，掌握了这种联系上下文理解词语文章的方法固然重要，但更重要的是要多读书。书读得多了，阅读理解能力自然就提高了，二者应该是成正比的关系吧。就是说一个爱看书的孩子，一个知识丰富的孩子，他的阅读能力、理解能力一定会"水涨船高"，他一定会"自能读书不待老师讲"。而这也是老师追求的境界，老师希望你们中的每一个同学都会读书，都爱读书，都能多读书。

二　孩子，会就把手举起来

镜头回放

到低年级听课，老师提问时，同学们争先恐后地举手，有的同学着急地站起来把手举得高高的。如果老师叫到他了，并且他回答正确，老师大加表扬，再奖励个小玩意，他得意洋洋。到了三、四年级，回答问题的同学开始减半了，有十多个吧，不过一齐回答的时候还是积极响亮。但到了六年级，每堂课，我们全班也就五六个同学举手回答问题，不管难题简单题，都是这五六个同学，课堂沉闷。老师不厌其烦地左鼓励右期待，可你们的手就是迟迟不肯举起来。

老师的话

亲爱的孩子，知道“一呼百应”这个词吗？老师提问，大家争先恐后各抒己见，我们一齐随着作者同喜同悲，或沉思默想，或书声琅琅，这样的课堂生机盎然，我们一齐在文字的世界里畅游，酣畅淋漓，岂不快哉！可现在是老师一个人滔滔不绝，提问后你们举手寥寥无几，老师成了光杆司令，真是令人大失所望。

有的同学也许会问，老师上课为什么不直接自己讲还提问什么呀？是的，十年前的课堂是老师们讲得多，所谓的提问也就是象征性的，这种教学方式早就被批判，叫做“填鸭式”“满堂灌”。你想，课堂上老师只一个劲地讲，你们只会听，当然老师让你们记下来画下来重点的词语、句子，你们也会及时地记、画，考试前抓住老师画的记的要点多背背，考试也能得个高分，但长此以往，你们的表达能力、思维能力、读书水平能有所提高吗？你们能不成了高分低能的考试机器吗？要知道现代社会是能力的竞争，水平的较量，高考越来越注重综合能力的考察，作文也越来越灵活，要求一个人的知识面越来越宽，要举一反三地思考问题。你说，单凭老师的讲，能把这些能力讲到你脑子中吗？

现在各类教辅资料越来越多，大部分同学每学期都要买《一点通》，课文主要内容、重点词句解析、课后题等上面都有，按理说你们看看背背就会了，那老师再讲你们再学不是多此一举吗？不是的，孩子，看了《一点通》你只“知其然”，只知道答案是什么，老师讲是让你“知其所以然”，也就是让你知道答案怎么来的。老师的讲是本着“授人以渔而不是授人以鱼”的原则，就是引导你学会读书学会思考。鱼可以很快吃完，而打鱼的本领可以终生受益，取之不尽用之不竭。老师上课提问不是为了营造积极生动的课堂气氛，而是为了引导你们读书思考，锻炼你在众人面前发表自己看法的胆量，培养你敏捷的思维，有条理的表达。

孩子，老师讲课是针对全班同学讲的，如果通过提问老师知道大部分同学听懂了，会继续下面的新内容。如果大部分同学还没听懂，那么老师会调整一下思路再讲一遍或者换种方法方式。老师提问时，如果你会了，把手高高地举起来不是一种荣耀吗？看，我一听就会了，别人还没反应过来我已经会了，不是很自豪吗？可是，你沉默。你会了，把手高高地举起来，把自己的思考有条理地讲出来，让还不会的同学通过你的讲解学会了，这不是一种荣耀吗？即使你答错了，谁会笑话你呢？我能起来回答，别人还不举手呢！我都会了还用老师讲吗？

课堂上本来就是各抒己见，仁者见仁，智者见智，不是说一千个读者就有一千个“哈姆雷特”吗？答错了，你才会更专注地听老师讲，听其他同学讲，这时你就学会了听讲。

老师给你举个不太恰当的例子。老师提问就好比是全班同学争吃一个苹果，假设一节课是一个苹果的话，这个苹果总是被那五六个常举手的同学分着吃了，其他同学总是一口都吃不到。你不举手等于拱手相让，你连一口苹果都没吃到。这时候如果你说你谦让，但十年后二十年后成功的机会都会不谦让地让这些人争取到，社会的财富都会不谦让地滚进这些人的腰包。

孩子，我们都玩过抢凳子的游戏。抢凳子时，每个人都高度警惕，竖起耳朵听着音乐或其他打击的声音，以便用最快的速度抢到凳子，这时候每个人都全力以赴，生怕自己落后，被淘汰出局。孩子，希望你能把每堂课都当成抢凳子的游戏，会，就把手高高地举起来。

三　孩子，教不严，师之惰

镜头回放

前段时间听办公室的同事愤愤然地议论纷纷，说是某个学校的一位老师中午留学生补作业，因为孩子没有按时回家，家长找到学校把老师的饭盒掀了一地，大骂特骂，当时那老师的窝囊劲甭提了。

那次你不写作业，老师让你放了学到办公室补上。放学时老师送完路队后直接到阶梯教室开会去了，没回办公室。当开完会后才猛然想起你还在办公室，吓得一身冷汗。几步奔到办公室，你不在；又跑到教室，你也不在。这下麻烦了！一边祈祷着“千万别出什么事，千万别出什么事”，一边东一头西一头地顺着你回家的路线找着，把你可能走的路线都找了一遍，还不见你踪影。一不做二不休干脆到你家看看吧。打听了好几个人家总算找到你家，还好你已经到家了，紧绷的神经才松弛下来。

老师的话

亲爱的孩子，说一千道一万，你是你爸爸妈妈手心里的宝，没有一个爸爸妈妈不希望自己的孩子懂事有出息。可是爸爸妈妈这辈人吃的苦又不愿让儿女吃，对你们又特别宠爱，甚至溺爱。当他们的这种爱与学校的管教发生冲突的时候，有的会把所有的罪责全部归咎于学校和老师，所以才会出现掀饭盒、告老师的现象。

而老师的职责就是教书育人：上好课，让你们把该学的该会的都能掌握牢固扎实；教你们做人，告诉你什么是对什么是错，做错了，改过来。所以，你不写作业，老师会让你补上。可是哪有时间补呢？体育课让你补吧，你的家长告我剥夺你上体育课的权利；中午让你补吧，你家长告我不让你回家，耽误你吃饭；放了学留你补吧，万一路上你发生摔伤碰伤，那老师真的卷铺盖走人了。

老师严了不是，松了也不是，真的不好把握合适的分寸。比如批评教育吧，轻了，蜻蜓点水，你们不痛不痒，左耳朵进右耳朵出，把老师的话当成耳旁风，白磨一顿嘴皮子。重了，说是老师威胁恐吓你，讽刺挖苦你，你们离家出走寻死觅活，怎么办？老师戴个“体罚”的帽子，你爸爸妈妈也来掀饭碗，又是告局长又是上报纸，那时真的是吃不了兜着走了。“体罚”这个“罪名”时刻像紧箍咒一样束缚着我们。老师真是左右为难啊，孩子。不管你吧，你不写作业，他不写作业，怎么办？成绩差怎么办？你捣乱纪律，他捣乱纪律，怎么办？班级纪律差怎么办？

最近中央教育部门刚刚出台了法律条文，说是老师有批评学生的权利。老师本来教书育人，竟然被法律规定才赋予批评学生的权利，真是讽刺。就是说在法律规定之前没有这个权利了吗？那么法律规定之后批评与体罚又怎么来衡量呢？孩子，这些就是老师的苦衷啊！这个权利怎样才能把握一个合适的度，一个恰如其分的度？

每个人都会遗忘，小孩子记得快，忘得也快。所以，我们学过的知识要及时巩固，学校常规纪律我们要常讲，甚至要天天讲，时时讲。

孩子，最近学校不是要求读经典背经典吗？《三字经》里有这么一句：“子不教，父之过，教不严，师之惰。”就是说：养孩子不好好教育，是当父亲的过错。它强调了父亲在家庭教育中应该担负起重要责任，也说明了父亲在家庭教育中的意义和作用。“教不严，师之惰”， 教育不严格是为师的懒惰，强调老师在教育方面的重要性。老师多么希望你能记住这一句，你的家长也能记住这一句。古代的私塾教育，背不住，做不好，私塾先生就用戒尺打孩子的手板甚至把手打肿了。慑于这种威慑力，犯错的孩子规规矩矩，老老实实。

孩子，其实你现在年龄小还不懂事，所以才需要管教。

像小树一样，大部分小树给予它充足的阳光、雨露、营养，它能铆足了劲地长，长得高大粗壮。但是有的小树需要绳索和木棍捆绑着，它才能规规矩矩地长，长得高且直。孩子，老师之所以管教你，是因为老师的责任心，老师希望每一棵小树都能长成参天大树。

四　孩子，你为什么不写作业？

镜头回放

你每天不交作业，哪怕作业再少也不写，按理说六年级的学生每天放学写十来分钟的作业真是够少的了，可你还是不写。找你谈话你给个耳朵洗耳恭听，第二天还是不写，我怀疑自己是不是“对牛弹琴”。跟家长打电话告你状，可你的父母却反过来跟我诉苦：“老师啊，我们忙啊，没时间，顾不上。”或者是：“老师啊，我们没办法，管不了，问他写完了没有，他说是写完了。”我忍无可忍，气急败坏地在班上大声地训斥你，你“刀枪不入”，“脸不红心不跳”，课后依然不写。像你这样的同学我们班有五六个，不知道你们是怎么建立统一战线的。老师真是纳闷了——孩子，你们为什么不写作业？偶尔你们中哪个同学哪天写了点作业，尽管丢点落点，甚至写得乱七八糟，老师大表扬特表扬。可其他同学不服气了：像你们这样几乎天天不交作业的，有什么好表扬的。是啊，学生写作业本来天经地义，没有按时完成还要这么大张旗鼓地表扬，是不是太夸大其辞，小题大做了？

老师的话

亲爱的孩子，你知道温故而知新的道理吗？我们先一块解读人的遗忘规律吧。

在学习识记完某一知识后，遗忘就开始发生，尤其在起始阶段遗忘的速度较快。具体遗忘的速度情况我们一起来看艾滨浩斯曲线遗忘规律结论表：

学习后的时间	20分	1小时	8小时	24小时	2日	6日	31日
记住率（%）	58	44	36	34	28	25	21
遗忘率（%）	42	56	64	66	72	75	79

表格告诉我们，在学习完某项内容后应及时复习，在记忆的内容遗忘之前再次复习，这样只需要花费很少的时间就能复习巩固一次。如果等所学的内容全忘了才去复习，就等于重新学习一次，此时所花费的时间就比较多，学习的效率就比较低。老师知道这个遗忘规律，为了让你们及时复习巩固，及时掌握新学知识技能，老师才布置作业，让你们“温故而知新”。

你不按时完成作业，老师肯定让你补上。如果不让你补上，那一学期下来，一年下来，你就靠上课听那么点东西，况且上课你也不是专心致志地听讲，最终你能记住多少呢？能会多少呢？

孩子，知道积少成多的道理吧？新学的知识积少成多。如果我们每天学点积累点，那日积月累，知识技能也能堆成山聚成河。“不积跬步，无以至千里，不积小流，无以成江河。”我们每个人都是普通人，不能过目不忘，不是看看听听就能学会就能掌握，我们只有每天老老实实地回家读读背背写写算算，才能学好语文，学好数学，学好英语，学好每一科。

但是要补的作业你每天攒点，日积月累也会堆积成山，汇聚成河，漏洞会越来越大，最后学业不得不半途而废。你看，你刚补完昨天的作业，可是今天又布置了作业，你又交不上；刚刚补完了旧的作业，又落了新的作业，这就是恶性循环。每天你几乎是在补作业的日子中得过且过。而且让你补作业也就是在课间空里，中午空里，看着别人出去玩出去活动，你是什么心情，孩子？老师又怎么忍心“没收”你的休息活动时间啊！老师没有这个权利！可老师又确实无可奈何，孩子！老师能对你不管不问？老师和同学“抓”着你看着你补作业，但一不留神你就跑得无影无踪。你是自由自在了，老师却筋疲力尽。

孩子，老师知道你好玩，贪玩，正是变着花样玩的年龄，但是别忘了我们到学校是来干什么的。每天我们吃饱了饭，什么活也不干是来干什么呢？其实每个家庭中爸爸妈妈和孩子之间都是明确分工的，爸爸妈妈的任务就是挣钱养家糊口，我们的任务就是学习。你看，爸爸妈妈如果不好好工作，他们能挣到钱吗？家里没有钱我们的吃喝穿怎么办呢？我们的哪个爸爸妈妈不是竭尽全力地工作挣钱？他们每天是不是把该挣的钱都挣到家里，而且尽可能地多干多挣？再看看我们自己吧，每天我们完成任务了吗？每天把该学的学到了吗？而且尽可能地多学了吗？孩子，你扪心自问过吗？

老师也不是非要你们每个人都考上大学，考上大学也未必就是有出息。爸爸妈妈的时代以及爷爷奶奶的时代是我们中国的过渡时期，他们可能没有知识，可能知识少一些一样发大财，一样实现自己的人生价值。但随着我们国家的发展，你们这一代将来做任何工作如果没有知识是根本行不通的，你的学问可以不渊博，但必须具备最基本的知识技能。三百六十行，行行出状元，无论做什么工作，只要你愿意做并且能吃苦耐劳地做，创新地做，一定能做得出色，做得令人刮目相看。老师和爸爸妈妈一样，只是希望你在学生时代能好好听讲，把该写的作业按时认真完成，尽己所能。

我们一起回顾我们学过的那篇课文《做一个最好的你》：

> “可能有很多事你做得不如别人好，这没关系，只要你认真做了，只要你比昨天做得好，就该为自己喝彩，为自己加油鼓掌。”“如果不能成为大道，那就当一条小路；如果不能成为太阳，那就做一颗星星。做河里的一条最活泼的小鱼，做林中一棵挺直的小树，做草地上的一朵朝气蓬勃的小花，做天上一只展翅飞翔的小鸟……决定成败的不是你尺寸的大小，而是要做一个最好的你！”

多么富有哲理的语言啊，多么暖人心扉的话啊，孩子，只要我们尽力就行，可是问问自己，你尽力了吗?

学习并不仅仅靠兴趣，更重要的是要吃苦，老祖宗有那么经典的话留给我们：“学海无涯苦作舟”“梅花香自苦寒来”。孩子，写作业吧，饭吃到自己肚子里，知识本领学到自己身上，都是为了我们自己啊。

五　孩子，最好的礼物是你的作业本

镜头回放

又到教师节了，老师们收到了一大堆礼物，有贺卡、鲜花，还有巧克力，特别是低年级的老师，学生们送来了一大束一大束的鲜花，桌子上都放不下了。我们高年级的老师收到的大多是贺卡、塑料假花，有送一支的，有送一小束的。你别出心裁送来了真花，一个漂亮的玻璃花瓶，瓶子里插着几枝葱绿的富贵竹，生机勃勃。这是你的心意，老师高兴地收下它。

老师的话

亲爱的孩子，老师感谢你们，你们送来了节日礼物，送来了节日问候，送来了幸福快乐。

礼物不同，价钱不一，但在老师心目中分量都是一样的，因为这都是你们对老师的情意，这份情意怎能用价钱来衡量呢？你们现在不挣钱，不管给老师买什么礼物都是家长的血汗钱，老师不愿你们向家长伸手要钱给老师买礼物。有的同学也许会说：“这是我自己的零花钱，我说了算。”是的，你们的零花钱也是平时家长给的，是吧？当然你们怎么支配是你们的权利，但老师不希望你们这么做。你们真想表示对老师节日的问候，那就跟老师说一声“节日快乐”，不是很好吗？想特别表示一下，你们可以亲手给老师做个小手工，不是更有意义吗？

其实我们可以做的有很多，你们每天把作业写得好好的，按时交上，不用老师催着你要作业，看着你们补作业，不用老师为你们交不上作业而生气，不用老师批改后让你们重新写作业，不用老师为你们不好好学习操心；你们好好值日，好好遵守纪律，好好团结同学，这些不是比任何贵重的礼物都珍贵吗？你们送老师礼物是对老师的尊重，但你们好的表现更是对老师最大的尊重。孩子，礼物是一时的，但老师要的是你们一贯的好的表现。你们做到了吗？反过来你再想，老师收到你们的礼物，那一刻老师是非常高兴的，但第二天你们作业没有按时交上来，你们说老师能高兴吗？

办公室里老师聊得最多的话题就是你们的表现、你们的进步或者退步。谈到你们上课回答出一个多么难的问题，谈到你们字迹娟秀的作业本，谈到你们一丝不苟的值日，老师总是眉飞色舞，两眼放光；说起你们怎么捣乱纪律，怎么不好好做操，作业本怎么乱七八糟，老师总是愤愤不平，捶胸顿足。

孩子，其实送礼物也好，不送也罢，你们送的礼物多也好少也罢，你们都是老师的学生，老师不会因为你送礼物对你厚，他没送礼物对他薄，老师会对你们一视同仁，因为老师想看到你们中的每一个都努力学习，健康成长。你们快乐、团结、向上，是老师最想看到的，这些才是老师最想收到的礼物啊！

孩子，老师不图你们的回报，和你们的爸爸妈妈不图你们的回报的心一样，从这点上说老师是无私的。老师只希望你们好，各方面都好，长大有出息，为自己谋一份好工作，为社会作贡献。那时你们有出息了还能想着老师，给老师打个电话，寄个贺卡，送束鲜花或者请老师吃顿饭，老师会欣然接受。当然到那时你们过得好，即使你忘记了老师，那也没有什么，毕竟教书育人是老师的本职工作。

孩子，老师送走了一届又一届毕业生，每年都会照全班毕业合影，长大后当你们看到照片中的自己，回想起小学时光时，老师希望涌上你们心头的是无悔，是快乐；当老师看到照片中的你们时，希望回想起的都是你们点点滴滴的美好。

六　孩子，我们一块算笔账

镜头回放

课间里和你们随便聊天，问你们愿不愿意穿名牌衣服。你们几个异口同声地说“愿意”。愿不愿意到高级饭店吃饭？你们还是异口同声地说“愿意”。为什么愿意？你们看着我笑，好像我问得太傻，谁不愿意吃得高档穿得高档，享受高档生活？这次我笑了，笑你们太幼稚，不努力学习哪有高档衣服穿，哪有高档饭店下？孩子，我们一块算笔账。

老师的话

亲爱的孩子，自私地说，谁不愿意享受？谁不愿意过好生活？可是好生活从哪里来？我们一起来算笔账。

假设我们从上学那天开始努力学习，我们暂且把努力学习看作吃苦，一直到我们大学毕业都在刻苦学习，都看作吃苦，也就是说我们上学期间都是在吃苦。从六岁上小学一年级到二十二岁大学毕业，上了十六年学，吃了十六年苦。再假设我们好好学习了，就能有个好工作，有个好工作就有了好生活。而且从我们工作那天就算开始享受，一直享受到我们老死或病死。以八十岁为止，二十二岁到八十岁共享受五十八年，也就是说我们用十六年的苦换来五十八年的福，你说合算不合算？

但是上学的十六年间都是苦吗？看看课程表，除了语数英文化课之外，一周还有三节体育课、两节音乐课、两节美术课，还有学校课程、地方课程、综合活动，这些课都有专职老师按时上，每天还有一个小时的阳光体育活动。我们每天八点上课，下午早早放了学，一个小时左右的家庭作业完成后，还有四五个小时属于自由支配的时间，吃喝玩乐，看电视，看课外书。你说这是在吃苦吗？另外，学校每学期还开展了丰富多彩的课外活动，体育节、艺术节、古诗竞赛、钢笔字比赛、讲故事比赛，等等，你说我们的学校生活苦吗？

有的同学也许会说，即使我努力学习了，也考不上个好大学，因为我笨，我基础差，我也不喜欢学习。是的，有这样的同学，老师承认，因为每个人的智力尽管都在普通人的范畴里，但还是存在很多差异。我们说的刻苦是相对自己而言，其实就是尽力。在《你为什么不写作业》这个小片断中老师也谈到学习尽力的问题，也谈到“做一个最好的你”，只要你自己尽力了，学到什么程度算什么程度，毕竟最终的成功不是用学习成绩来衡量的。只要你尽力了，在校求学期间你尽可能多地学习文化知识，提高道德水平，掌握劳动技能，将来你学以致用的时候，你成功的时候，你会庆幸你学到的所有本领。

记得前几年前曾看到这样一则报道，一些大企业高薪聘不到高级技工，高级技工这样的人才紧缺。孩子，哪怕你考不上大学，但你有一技之长，又肯于钻研吃苦，那你英雄一定会有用武之地的，那时你就是在享受你用十几年努力学习换来的美好生活。自己享受美好生活，同时也是在为社会、为国家作出你应有的贡献，实现你的梦想和人生价值，两全其美。那时你会觉得，自己的人生是多么有意义、有价值。

现在的社会存在贫富差距，但是一个人成功、个人价值的实现不是用金钱来衡量的，钱多钱少跟一个人的幸福快乐也不成正比。我们追求好工作、高工资，因为社会首先是物质的，物质是我们生存生活的客观基础。我们追求理想，追求人生价值的实现，追求幸福快乐，因为社会也是精神的，二者不可分割。

现在我们淡化考试，也不排名次，只用“优秀、良好、及格”几个等级来衡量，但这并不意味着没有竞争，相反，这种竞争变成了潜在的竞争。谁想在未来胜出，那他少年时代一定要脚踏实地地学好知识掌握本领。千里之行，始于足下。孩子，算算账，你会明白，少年只有一次，青春只有一次。珍惜青春年少时，为我们将来的人生积累丰厚的知识技能、精神资本，而这些将来一定会成为你取之不尽、用之不竭的宝贵资源和财富。

七　孩子，为了理想而努力吧

镜头回放

这节课我们开展班队活动，主题是“长大了，我是一名……”也就是畅谈理想。你们各抒己见，有的说要当科学家，有的说要当总经理，有的说要当警察，有的说要当医生，有的说要当老师，总之说了一圈，你们的愿望都很美好，不是有学问，就是有权有钱，有的也很远大。但没有一个人说自己要做普通的工人，做好自己的本职工作；也没有一个人说想当农民，老老实实地种粮种地，科学种植。接着又让你们说说怎样才能实现理想。大家都喊口号似的众口一词，信誓旦旦：要从小努力学习，学好知识，学好本领。

老师的话

亲爱的孩子，我们都知道敬爱的周总理在他少年时代就立下了“为中华之崛起而读书”的志向，他怀着这种远大的志向刻苦读书，一生献给了中国的革命事业，献给了新中国的建设，呕心沥血，鞠躬尽瘁，令世人景仰。还有很多伟人名人，他们也是在少年时代立下了远大志向，终生为之奋斗。

现在我们国家富强了，我们也富裕了，我们的理想似乎也多多少少跟钱跟享受密不可分了。现在大部分人都认为好工作就是挣钱多，时间宽松，工作环境舒服等，比如大家一致认同的公务员。现在每年成千上万的大学毕业生考公务员，这么多人竞争十几个几十个岗位。前几年河南省的公务员的报考与录用率达到了 333∶1，其他省市也不相上下，甚至四千人竞争一个岗位。竞争如此激烈，因为公务员在我们普通老百姓眼里是铁饭碗。除了公务员报考热之外，教师考录的竞争也很激烈。教师工资待遇的提高使得教师这个职业在老百姓眼中也成了铁饭碗。一个地区十几个教师编，应届往届一千多名师范毕业生来竞争。

是的，好工作、好岗位就像一个人弹跳，借用跳板的力量会弹跳得高一样，能比较容易地实现自己的人生理想、价值。但还有那些我们都一致不看好的岗位，比如普通的工人岗位。这样的岗位如果你能热爱自己的本职工作，踏踏实实地工作，积极进取，肯钻研肯吃苦，发挥出自己全部的光和热，你就是岗位的主宰者，成功也就会牢牢地掌握在自己的手中，普通岗位一样会不普通。

全国劳动模范，我们青岛的骄傲——青岛港的许振超，一个普通的工人，青岛港的桥吊司机，却是桥吊专家，是一个一年内就两次刷新世界集装箱装卸纪录的人。当了解了许振超的事迹后，你的内心是否被深深地震撼，是否想过也要在平凡的岗位中创造一份不平凡的业绩呢?

如果你关注近几年的感动中国的各行各业的人物，你会发现其实这些人是多么普通，普通得不能再普通，但他们却做出了不平凡的伟大事迹，感动中国，感动了每一位有良知的人。他们十几年如一日，甚至几十年如一日，默默无闻地做好本职工作，把工作做到了最好。

王顺友，“2005 年度感动中国人物”之一，从 1985 年开始，他就在大山里奔波送信，这一送就是二十多年，而每送一次信就需要花上整整十四天。为了准时送到信件，他不顾自己的安全，克服难以想象的困难，从来没有延误过一个班期，没有丢失过一份邮件。

我们承认人的能力水平有高低，但工作没有高低贵贱之分，区别只在于社会分工不一样。我们每个人不可能都是精英，因为任何时候，任何级别的比赛，第一只有一个，凤毛麟角，这就注定我们一致认同的好工作只有少数人去干。我们大部分人还要做我们不太看好的不起眼的工作，比如进工厂做普通的工人。但是如果我们每个人从小积累了长大干好工作的知识技能、心理素质、精神品质，将来我们无论做任何工作都一定会做得最好。那时我们内心不会受到煎熬，我们的人生一样是充实有意义的，也不会“白了少年头，空悲切”，也不会对社会分配的不公愤愤不平。说不定你忠贞不渝的热爱和锲而不舍的坚持，有一天也会创造你人生的辉煌，感动整个中国呢。

孩子，理想有长期的，也有近期的，有高远的，也有现实的，还有高雅和低俗之分。像许振超，像王顺友，在平凡的岗位上做出一番成就，实现自己的人生价值就是高雅的；只为了自己的享受，一味地追求金钱，就是低俗的。没有钱是不行的，但是不能只为了钱而活着，不是有很多富翁说“我现在穷得只剩下钱了”吗？一切向钱看，可能会丢失了自尊，出卖了良心、人格，甚至会不择手段。孩子，让我们从小树立高雅的理想，一起唱起《中国少年先锋队队歌》，“为着理想，勇敢前进，为着理想，勇敢前进前进。”

lǐ mào qiān ràng
礼貌 谦 让

一　孩子，别忘了右行礼让

镜头回放

楼梯中间的黄色分割线不知不觉中被同学们上下楼梯磨黑了、磨掉了，最近学校新画了鲜亮的黄线。周一升旗仪式上，大队辅导员特别强调：上下楼梯注意黄线，右行礼让。回到班里我又反复强调，右行礼让！严格贯彻执行学校提出的“三管方针”——管好你的嘴，不乱嚷，不乱喊，不大声喧哗；管好你的腿，不乱跑，不乱跳，不追逐打闹；管好你的手，不乱扔垃圾，不勾肩搭背。可是第二天，一上楼梯你们几个站在那里，旁边还有几个别的班级的同学，校长大人也在此，显然你们是被“抓”了。第二节课间里，通报批评发到了手中：你们这几个同学进校后上楼不走黄线右侧，三三两两跑着跳着上来，每人次扣二分。孩子，老师反复强调别忘了右行礼让，你们怎么就当耳旁风了呢？

老师的话

亲爱的孩子，为了创建文明和谐校园，学校大会小会地强调要贯彻落实“三管”，让我们班主任大讲特讲，再不行就每个课间靠在班里。学校这样要求的，我也是这样做的，三番五次、苦口婆心地，好的典型表扬再表扬，差的典型就点名批评敲警钟。这节课讲三分钟，那节课说五分钟，你听够了，其实我也讲够了。而且讲了白讲，说了白说，一转身你忘得一干二净。

老师心里清楚，学校规定是规定，可你们只是个孩子，尽管你们已经是六年级学生。楼道里课间里禁止学生跑跳打闹嚷叫，可你们怎么可能规规矩矩一板一眼呢？特别是你们几个，调皮捣蛋精力旺盛，从来就闲不住嘴闲不住腿，所以目无纪律，被告状的是你们，监督岗扣分的是你们，校长抓的也是你们！老师总不能每个课间里都盯着你们吧？再退一步讲，即使老师盯着你们，也不能盯住你们所到之处的每个角落、每个区域吧？所以，孩子，你能理解老师大讲小讲、天天讲的苦衷了吧？

孩子，老师也很无奈矛盾。如果楼道里课间里，你规矩听话老实了，那该让你活泼的时候你能活泼起来吗？你能适时适地地该活泼就活泼，该严肃就严肃吗？老师也知道空洞地讲你不痛不痒；但是如果对你们这些触犯校规的典型，严肃处理的话，闹不好又背上个“体罚”的罪名，老师吃不了兜着走，谁敢啊！社会形势逼得我们这些老师不知所措。可说说讲讲，点点名批评批评，你们还是我行我素，依然如故。

孩子，你有苦衷，老师理解，老师也有苦衷，你现在也知道了。但我们这些苦衷都算得了什么呢？说到底我们对学校的规定认识理解得不够深刻。知道前几天校长亲自出面抓你们当典型的根本原因是什么吗？ 2009 年 12 月 7 日晚 9 点 30 分，湖南湘乡育才中学发生一起踩踏事故。下晚自习的初中学生在下楼过程中拥挤踩踏，造成 8 名学生当场死亡，26 名学生受伤。一瞬间 8 条鲜活的生命灰飞烟灭。

校长第一时间看到了新闻，第二天一大早抓到了你们这些不守规矩的典型，以警告全校师生。

踩踏事件发生后，有专家老师提出这样的观点，“试想：如果第一个学生不小心跌倒，其他孩子自觉停住，悲剧会发生吗？答案自然是否定的，悲剧不会发生。而孩子们这种‘自觉停住’的应急反应只靠本能是难以持久的，少年活泼的本性使得孩子们很快会去‘凑热闹’，悲剧于是产生。因此，训练孩子们在危险状况下的正确应急反应，无疑是预防事故发生或降低灾难后果的必备功课。”而我们楼梯上醒目的黄线，学校班级反复强调的右行礼让，楼梯口左一个监督岗右一个监督岗，这一切都是因为，学校把我们的生命、我们的安全放在第一位啊，孩子。生命重于泰山，学校是在努力为我们创造一个安全健康的成长环境。

血淋淋的教训尽管没有发生在我们身边，但你看看那惨不忍睹的场面，看看那些遇难学生家长撕心裂肺地哭喊，你就会明白学校为什么要这么做了，为什么每个班要划分楼道各行其道，为什么每个人都要右行礼让了。

孩子，没有规矩不成方圆，规矩每个人的行为最终还是为了每个人的自由。你想，下了课有同学打打闹闹，本来在好好地走路的你，能不能被撞到身上撞个头破血流？中午，你想安安静静地看会儿书画会儿画，有同学追着跑着，你能看进去画下去吗？你跑他跑，大家都跑，教室里乌烟瘴气，空气污浊，对你的健康有利吗？孩子，你说学校这么多清规戒律，看起来是孙猴子头上的紧箍咒，但其实不是我们的护身符吗？为了你我他，为了我们大家，让我们每个人都严于律己，让安全深入我们每个人的内心，让我们共同努力创造和谐有序的校园环境。让尊重生命的意识内化在我们每个人的言行中，使正确的应急逃生反应成为我们每个人的本能，让每个鲜活的生命都亮丽精彩！

二　孩子，你能让个座吗？

镜头回放

和办公室同事聊天时，说起曾经教过的学生，老师记住的大多是当时班里“两头”的学生，一是老师很省心、纪律好、上课认真听、作业认真写、成绩好的学生；二是老师很操心、上课下课常捣乱、作业不好好写、成绩差的学生。但生活中偶然碰到，老师长老师短的总是那些"差学生"。而那些个别的"好学生"却对老师视而不见，特别在公交车上。哪怕和老师碰个正面，撞个满怀，他对老师置若罔闻，只管和邻座的一块的同学谈天说地，打打闹闹，嘻嘻哈哈。哪怕老师在他身边拿着东西，甚至抱着孩子，他像对陌生人一样无动于衷。那份寒心，从头凉到脚。我有，办公室的老师也都有这种体验。

老师的话

亲爱的孩子，老师想要告诉你们，第一种孩子曾经是老师的自豪，他们那么优秀，每到学期末的时候，所有的荣誉称号几乎都是他们的，那些"差学生"总是靠边站。可是，毕业后他们的表现令老师多么伤心。老师真想跟他们说：孩子，见了老师你能跟老师问个好吗？公交车上，你能给老师让个座吗？

"一日为师，终身为父"，老师对你的教育没有那么让你永生难忘，老师没有那么伟大，我们也不要求你那样，但是现在老师不教你了，就不是老师了吗？车上，你站一会儿，就累了吗？孩子，你没给老师让座，上来个老太太老爷爷，你也没给他们让个座，老师看到了自己学生的人格的失败，老师寒心啊！

回想你的点点滴滴，你是多么懂事。上课坐得那么直，眼睛紧紧跟着老师的眼神，一丝不苟，老师提问你总是积极思考、积极举手，看到你把手举起来老师是多么欣慰。答错了，老师给你鼓励指导，答对了，老师表扬赞美你。作业，你一向是多么认真仔细，总是老师表扬的对象，你的作业本老师常常让大家传阅。你作文好，经常在班上作为范文读。见了老师，你立正站好，一个标准的队礼，“老师好”，你是我们班的形象大使。让你管班里纪律，你像个小老师，坐在讲台上，把班管得有板有眼。家长会上老师把你左一个表扬右一个表扬，当成全班的榜样，说你懂事，说你优秀。

但是还没毕业，你就开始眼中没有老师。元旦联欢会上，老师指导你主持节目，当大家表演时你坐在台下，你就坐在老师身旁，你在那有滋有味地吃着糖果，吧嗒吧嗒，嘎崩嘎崩，你没有让一下：“老师吃糖果吧？”孩子，你让老师吃，老师能吃你一口吗？你连让也没有让一下啊！以至于毕业后，你坐在公共汽车上，连老师都不认识了！

可能你会以为优秀是你自己的本事，跟老师没有关系。是的，你优秀，老师承认，你是个省心的孩子。师父领进门，修行在个人。你优秀是因为你懂事，你懂得上课要好好听讲，下课要遵守纪律，放了学要好好写作业，学校搞的活动要积极参加。可是你忘记了，孩子，课堂上老师的提问讲解，是在引导你学会读书思考，锻炼提高了你的表达能力、思维阅读能力；老师表扬你作业完成得好，是在引导你认真写字、练字，认真学习，及时复习巩固；老师选你当班干部，指导你主持班级各项活动，是在培养锻炼你的组织、活动能力。孩子，确实你自己懂事聪明而优秀，但不可否认是家长和各科老师的培养，你成了班里的佼佼者。孩子，吃水别忘掘井人啊！

其实，老师就这么份工作，上课，批改作业，教育学生。你们犯了错误，老师苦口婆心地教育，气极了连手都不敢动，告诉自己忍忍忍；你们成绩好了，比赛得第一了，和你们一块笑，一块高兴；我们班扣分了，和你们一样横眉冷对扣分同学！你们谁不按时到校，第一时间打电话问你家里。老师和你们父母一样，都希望你们健康，希望你们遵守纪律，希望你们好好听讲，认真写作业，希望你们将来有出息。想一想，将来你们真有出息了，有锦绣的前程，老师还是要站在三尺讲台上上课批改作业。老师不图你回报，但是一声慰问，一个微笑，见到老师叫一声，坐在公交车上能让个座，这是对老师最起码的尊重，孩子。

当年那英唱的《好大一棵树》好像是被人们用来赞美老师的吧？我们一块看看其中几句歌词吧：

头顶一个天
脚踏一方土
风雨中你昂起头
冰雪压不服
……
风是你的歌
云是你脚步
无论白天和黑夜
都为人类造福

好大一棵树

绿色的祝福

你的胸怀在蓝天

深情藏沃土

孩子，老师不伟大，没有天地一样的胸怀，但每个老师都竭尽全力把自己的所学所知教给你，希望你全面发展，要不说“春蚕到死丝方尽，蜡炬成灰泪始干”？一日为师，终身为父，老师达不到这个境界，你也无需达到这个层次，可是基本的感恩的心应该有。人没有感恩的心，自私自利，还谈什么为社会为国家作出自己应有的贡献？孩子，从现在开始，感恩从点滴小事做起吧，从尊敬师长做起吧，不要走出校园后对老师视而不见啊。

三　孩子，助人为乐，磨炼自己

镜头回放

你三番五次地告你同位的状。下课我刚走出教室，你跟上来：“老师，我要换位。”怎么了？“他上课总是说话，打扰我听课。”那你说，他和谁同位不能打扰别人听课呢？你不做声了。再说，每节课他都打扰你听课吗？不是。那经常打扰你？也不是。他是不是一无是处？也不是。你是不是我们班的班长？是。那你不和他同位，你让谁和他同位？你又不做声了。

老师的话

亲爱的孩子，因为你是班长，班长是班里最好的同学，他上课乱说话，你有数，老师也有数，纪律上、学习上他都是我们班最差的同学，你不和他同位，你不去帮他，还指望谁去帮他呢？如果我们都不帮他，那不等于把他抛弃了吗？他会不会破罐子破摔呢？

老师一直说我们是一个集体，不让一个同学掉队，就好像一个雁群，掉队的大雁我们都设想过后果，要么它会饿死病死，要么它会被猎人打死，要么它休息不好活活困死。那我们班掉队的同学会是一种什么结果，你想过吗？如果他自己一位，我们班同学都不理他了，他会不会自卑？会不会从此抑郁？他听不懂老师的讲课内容，也没人帮助他，他会不会更差？没人理他管他，课堂上，他会不会和前后位说话打闹？会不会大吼小叫地捣乱？会不会惹是生非？这样的话，你上课想好好听讲能听进去吗？看来，我们只能把他融入集体，用集体的力量温暖他、教育他。同学们的关心帮助，加上老师对他的个别教育，让他渐渐地找到自信，增强自我管理能力，提高自我约束能力，这样他才能一点点进步。孩子，你说是这个理儿吧？

孩子，你总不至于让他一夜之间像换了个人似的，什么缺点都没有吧？提到优缺点，你说他有什么优点呢？他爱劳动，劳动时他把自己的活做得很好，然后又帮着其他的同学做，从来不知道偷懒。他体育好，跑八百米他奋力向前冲，级部第一名，给我们班争了光。

你说这些优点是不是每个同学都有？不是的，我们很多班干部，我们常说的好同学都没有他做得好。尺有所短，寸有所长。你作为班长有没有缺点呢？有，当然有。但你的优点大过缺点，盖过了缺点，缺点没有遮挡住你的光芒，所以我们都公认为你是我们班最优秀的同学。

你上课想好好听讲，是认真学习的好孩子。他乱说话肯定是他不对，但是你提醒他，让他好好听讲了吗？没有。上课他没听懂，下了课老师让听会的同学教一教没听会的同学，你耐心地给他讲了吗？他还没听懂，你讲了两遍三遍吗？老师让你和他同位，并不是非要让你把他管好，而是想让你用你的积极向上的言行感染他、带动他、帮助他。近朱者赤，近墨者黑，即使他是墨，但你有自制力，不会被沾染，老师放心你和他同位，老师更想让你把他染红了。你知道毛主席青年时代特意到闹市上去读书，就是为了锻炼自己抗干扰的能力。孩子，你和他同位就当成抗干扰锻炼，你这样想这样做，试一试，相信你不会再生气委屈了。

你再看看我们班每一对同位，大部分都是男女生搭配，学习好和学习差搭配，话多和话少的搭配。就连前后位的同学的安排，老师也考虑到好几方面的因素。我们要学会和同位、前后位同学相处、合作，这不仅是相互帮助，更是以后交际能力的锻炼培养。要知道，班里什么性格特点的同学都有，我们如果能和每一位同学和谐相处，那将来你就能和各种各样的人打交道，就会游刃有余。

孩子，你是班长，帮助他，你助人为乐，高风亮节，其实这也是在磨炼自己。

四　孩子，冲动是魔鬼

镜头回放

下了课，我刚走进办公室，班长就来报告说，你俩在走廊上你追我跑打仗，让校长逮了个正着。反复强调禁止跑跳打闹，你俩却屡教不改。我的火气噌地上来了，不问不要紧，一问原因真是让人啼笑皆非。原来我在班上问谁的作业没完成，王鹏阴阳怪气地说你没完成，我知道他平时就多嘴多舌的，瞅他一眼没当回事，但你却当场恼怒了，“滚！”你对他脱口而出。他哪里能咽下这口气，下课后二话不说，上去就给了你一巴掌。你不是好惹的，顺手给了他一拳头。他骂着，脸红脖子粗地追过来想还手，但是校长来了，于是你们双双“被捕”了。

老师的话

亲爱的孩子，让我说你俩什么好呢？多么不足挂齿的事情，你们却耿耿于怀、愤愤不平！课堂上发生的事情，当时老师也在场，他没打你，也没骂你，恶作剧似的说你一句“没完成作业”，你完成没完成老师心中有数，会查会问，他说你一句又有什么受不了的呢？他平时不就是这个样子吗？说说这个说说那个，要是老老实实闭上嘴，他还是他吗？你原来一直和他一个班，不知道他的这一大

“特点”吗？你和他斤斤计较，他不是更得寸进尺吗？一个巴掌拍不响，你俩谁也不让谁，能不打仗吗？一个先惹事，另一个忍一下，退一步，仗能打起来吗？忍一下，退一步，就吃大亏了吗？

可能你觉得冤，他先找我的事，我为什么要忍？是的，我们都知道是他先说你，他先动的手，他不对。可能课堂上他说你“没完成作业”，你觉得伤了自尊，于是回骂他；课下他打你一巴掌，你更觉得伤了自尊，被他欺负，你不甘心。现在请你冷静地想一想，什么是自尊？你被别人无故地开了一个玩笑就是伤了自尊吗？伤了“自尊”就要痛骂对方或者有力地出手回击对方，甚至还要变本加厉，这样就是维护自尊了，解气了，过瘾了吗？你就是用这种方式来维护自己的尊严吗？对方本来是挑起事端者，他能就此善罢甘休吗？答案明摆着，不能。当你俩打得“热火朝天”“你死我活”的时候，你注意到周围同学们的眼神和行为了吗？你肯定没有注意到。此时你全力以赴对付你眼前的“敌人”，哪能留心观察周围同学们的反应呢？要知道，同学们像观虎斗一样地看热闹，他们在看一场你死我活的搏击战！此时你红着眼，攥着拳头，什么文明礼仪，什么道德规范，什么制度纪律，都抛到了九霄云外！请问，这时如果你俩的战斗中，你略胜一筹，把对方打倒在地或者把他打出了鼻血，你就胜利了，有自尊了吗？如果你败给了对方，被对方打倒了或者打出了鼻血，你的尊严你在乎了吗？再假设你们的分寸没把握好，其中一方被打伤住进医院，全家出动，你告我我告你，轻的赔几个医药费，重的伤残，那时后悔就来不及了啊。

孩子，你想过这些后果吗？回击对方不是维护自己的尊严，是扒着眼照镜子——自找难堪！小时候用拳头，长大可能会用凶器，万一铸成大错，毁了一生，那真的是后悔来不及了。冲动是魔鬼！高墙之下那些犯了罪犯了法的人，有多少是因一时冲动而铸成大错，要用几年十几年甚至一辈子来赎罪。孩子，学会忍，小时候学会忍，练就过硬的心理品质，长大之后你就会平和坦然地对待不平事甚至屈辱事。

孩子，换个角度试想，如果他冒犯你，你对他视而不见充耳不闻，这仗还能打起来吗？一次不搭理，两次不搭理他，他自讨无趣，他还能把你作为挑逗对象吗？他招惹你，你“无所作为”，“战斗”还能“打响”吗？还能升级吗？他惹是生非，你可以不理不睬，你还可以制止他！你可以用很多文明的方式：一是郑重其事地警告他，二是晓之以理动之以情地给他讲道理，三是找老师跟老师反映相关情况。

孩子，君子动口不动手！你试过没有呢？再退一步，假设谁侵犯你，你确实愤怒，那老师再教给你一个“阿Q精神胜利法”——谁骂你打你时，你就在心里想：他是什么东西？我不和他一般见识！他无事生非，我若生气，不是正好中了他的圈套吗？所以我要离他远远的。你这样一想，还能打起来吗？

孩子，想要自尊，先一身正气。你试一试这样想：我的任务是来好好学习的，每天，我的作业完成了吗？我上课认真听讲了吗？老师表扬别人的字写得好，为什么我就不能受到表扬呢？别人考优秀，为什么我就在一个及格行列呢？别人每学期拿到奖状，我怎么就拿不到呢？我不比别的同学笨，为什么别人行我不行呢？孩子，你问过自己这些吗？和优秀的同学比一比，这时候你怎么不觉得自己伤自尊了呢？你的争强好斗精神哪去了呢？

孩子，让我们像一个大家庭的兄弟姐妹一样团结友爱，你帮我，我帮你。现在社会上很流行同学聚会，小学的、中学的、大学的同学，五年一小聚，十年一大聚，道不完的离别情，诉不完的同学谊。我们身边很多同班同学毕业后互帮互助，共同发展，成就一番大事业。你说我们小时候像仇人一样，长大之后谁会想念你呢？你又会想念谁呢？孤家寡人一个。三个臭皮匠顶个诸葛亮，孩子，我们不要做光杆司令，珍惜这份友谊吧，地久天长，受益终生。

五　孩子，退一步海阔天空

镜头回放

“老师，他打我。”我刚进办公室门你就来告状。“你打没打他？”“没有。”“确实没打他？”“没有。”“好，老师来处理。”叫过来你们两个并问清了原因。原来中午下棋时，你帮着他的对方说了一步棋的走法，“你的棋？你在下棋？你管得着啦？”他气不过，抬手就给了你一巴掌。你一声没出，忍住了。

老师的话

亲爱的孩子，尽管你挨了打，但老师要为你的忍让喝彩，毕竟你还是个孩子，能做到这样的宽宏大度，真的不容易。要知道，以前别人碰你一下，你不依不饶；别人骂你一句，你非打人十拳，你可不是软弱好欺的主。今天你的变化让老师对你刮目相看。

前段时间另一个班的几个同学发生口角互不相让，大打出手，其中一个同学被打得肚子疼，校长亲自出面叫来家长，上医院检查，好在没有伤到内脏。但毕竟影响恶劣，几个孩子都回家反省。每个班就这事召开班队会，老师反反复复讲了其中的害处：冲动要不得，拳头要不得，退一步海阔天空。孩子，你听进去了，你记住了，关键时刻你控制住了自己，老师为此感到由衷地欣慰。

下面，我们一块来做一个瓶口逃生的游戏。游戏是这样的：一个空矿泉水瓶里有三个小球，每个小球上都拴着一根细绳。三人合作，拽着绳子以最快的速度拉出小球。如果让你和两个同学参加，你们会怎么做呢？是不是各自拽着自己的绳子迅速往上提呢？如果是这样的话，那你们必输无疑。你们各自的速度是很快，但岂不知，这三个小球在瓶口处被卡住了，谁也出不来，反而耽误了时间。

要想获胜必须三人分工合作：你第一，他第二，她第三，以最快速度依次把小球提出瓶口。三个小球依次提出瓶口，所用时间是三人所用时间之和，但却是用时最短的，这样才能取得最终的胜利。

孩子，你看，这就告诉我们，有时看起来的“慢”“弱”只是假象，往往一方的忍让、退出，才成全了另一方，避免了冲突，使双方免受伤害，保护了自己。

孩子，在《史记·淮阴侯列传》中有这样一个故事：韩信很小的时候就失去了父母，只靠钓鱼卖钱维持生活，经常受一位漂洗丝棉老妇人的周济，屡屡遭到周围人的歧视。一次，一群恶少当众羞辱韩信。有一个屠夫对韩信说：你虽然长得又高又大，喜欢带着刀和剑，其实你胆子小得很！有本事的话，你敢用你的配剑来刺我吗？如果不敢，就从我的裤裆下钻过去。韩信自知形单影只，硬拼肯定吃亏。于是，他便当着许多围观人的面，从那个屠夫的裤裆下钻了过去。史书上称“胯下之辱”。

有传说韩信富贵之后，找到那个屠夫，屠夫很是害怕，以为韩信要杀他报仇，没想到韩信却善待屠夫。他对屠夫说，没有当年的“胯下之辱”，就没有今天的韩信。

韩信并不是胆怯，而是冷静地克制自己的冲动，是看清局面的睿智，识时务为俊杰。

你一定听过《卧薪尝胆》的故事吧？勾践卧薪尝胆，最终雪耻复国，成就了一番宏伟大业。小不忍则乱大谋，勾践忍辱负重整整三年，这是高瞻远瞩，这是雄才大略。从小父母就给我们讲孔融让梨的故事，告诉我们要谦让，要忍让。我们也学过《鹬蚌相争》的故事，鹬蚌相争，渔翁得利。近几年，多少纠纷，多少血案，有时因为一句话，有时因为一件小事，反目成仇，闹上法庭；有时甚至是亲兄弟，亲父子，争房子，争财产，对簿公堂。前几年播放的《老牛家的战争》不是活生生的现实生活的写照吗？兄弟两个明争暗斗，老人居无定所，苦不堪言。

孩子，谦让是美德，谦让是素养，遇事冷静，谦让，那将来你一定是谦谦君子。心底无私天地宽，所以老师为你叫好，孩子，你做得对。

ān quán jiàn kāng
安全健康

一　孩子，路边的东西你别买

镜头回放

学校里三令五申不准吃零食，可是教室地面上，有时室外走廊上，总会看见几个零食包装袋，一看就是小摊上的东西。我发动大家监督，同学们纷纷反映，其实就是我们班固定的那几个同学，总是他们隔三差五地到小摊上买东西吃，有时甚至把午饭钱省下来买着吃。找他们谈话，问他们为什么买。“好吃好玩。”几乎异口同声。有什么好吃的？“味道好吃。”什么好玩的？“里面送个小卡或陀螺好玩，有的还有别的小玩具，还有奖品。”其实说来说去他们还是为了这些小东西才买。

老师的话

亲爱的孩子，好玩是你的天性，这一点老师知道，老师也从你这个时候过来的，是个小东西就觉得好玩。可是孩子，为了玩你却拿着伤害身体为代价。你现在正是长身体的时候，先要吃饱，再考虑玩的事情。可是你吃饱了吗？一个大小伙子吃那些乱七八糟的东西怎么能吃饱呢？也可能你当时觉得饱了，可一个下午你能坚持下来吗？是不是第二节第三节课，肚子就开始咕咕叫了，甚至饿得发虚？所以你回家第一件事就是有什么就吃什么，大吃特吃？肚子打发得差不多了，到了吃饭的时候又不好好吃饭了。这样下去，身体能经受得了折腾吗？为了你的好吃好玩，却以伤害身体为代价。

地摊上的小食品很多都是三无产品。先不谈营养，卫生过关了吗？要知道，这些食品的色素、添加剂、防腐剂等甚至都超标。大家知道前几年曝光的三鹿奶粉事件吧。这还是正规厂家生产的，多少孩子受伤害？有的甚至是终生残疾啊。更不用说那些黑作坊的产品了。孩子，你还爱吃那些小玩意吗？我们村一个小孩，他从小就愿吃这些小东西，爷爷有钱，也疼孙子，几乎天天买，天天吃。结果呢，铅中毒，吃成个多动症，不愿上学，上课坐不住。妈妈陪读了一个月还是不行，最后没办法先退学治疗后再上吧。一退退了两年，现在在班里比别的孩子大两岁。你说这零食吃得值吗？

你家离学校远，中午不能回去吃饭，学校里订的盒饭尽管味道没有父母亲手给你做的好吃，但最起码配餐公司努力做到营养搭配丰富，是热的、熟的，吃到肚子里舒舒服服。你说，每天吃这样的饭，吃得饱饱的，身体是不是会越来越强壮？饭后到操场上玩玩，蹦蹦跳跳地游戏，是不是快乐无比呢？

你真喜欢玩，有多少好玩的体育活动呀？踢毽子、跳绳、丢沙包、跳皮筋、“跳房子”等等。当年老师对这些活动乐此不疲，至今还念念不忘呢！孩子，这样的活动有益身心，你为什么不去玩呢？

身体是革命的本钱，有了过硬的身体，才能谈学习，才能有资本享受生活，才能谈为社会为国家作贡献。小小年纪把肠胃弄坏，受着病痛的折磨，哪有心思学习？就连享受都没有好心情，更不用说作贡献了。不是有这么一句话吗，有什么别有病！感冒时的滋味，一定记忆犹新吧。还是健康好啊！孩子，珍惜你的健康吧，别为了嘴馋为了好玩，把身体损坏了。

学校明文规定不让吃零食，你把这些零食包装袋随便一扔，给学校的环境卫生造成很大的破坏，有时风一刮，刮进了绿化带，人家值日生清理都不好清理。你随口吐出个嚼过的口香糖，粘得地面黑乎乎的，每次打扫卫生的时候，我们不是用小刀、尺子一点点清理过吗？孩子，管住自己的嘴，路边的东西不要买。

二　孩子，过马路左右看

镜头回放

有一次开车经过一车站，前面一辆公共车到站停车了。我打算从公共车左边超车，结果还没等我超过去，几个小学生嗖嗖地从刚才的公共车上下来，从车头那里冲出来，直接要横穿马路。吓得我一身冷汗，赶紧一个急刹车。好险啊，差点出人命。从此后开车时看到前面有小学生，我总是小心再小心。小孩子互相追逐打闹起来，跑到路中央，万一不能及时刹车，那就发生惨剧了。在班上我也常常给你们讲过马路左右看，你们笑，好像老师太小儿科。

老师的话

亲爱的孩子，你们平安健康，不仅是老师，更是爸爸妈妈最大的心愿。

你翻翻报纸杂志看看新闻，你看到那些因车祸丧生或残疾的人以及他们的家人撕心裂肺的情景，你会不由得感叹，生命是多么脆弱，多么不堪一击！是的，人的生命只有一次，所以让我们好好珍惜生命吧。

如果你稍稍注意一下，你就会发现路是越来越宽阔了，车也越来越多了，车祸似乎也越来越多了。很多车祸都是灾难性的，车毁人亡，惨不忍睹，痛心疾首。我们开着车，乘着车，步行在宽阔的马路上，享受着现代化生活的同时，也在面临着严峻的考验，因为那么多马路，那么多十字路口要过，那么多车要躲。孩子，过马路时，过十字路口时，你有没有注意看红绿灯？是不是确认没有车辆再通过？

我们国家富了，有车的人越来越多，但诸多司机中又有多少不合格的！技术不合格的，心理素质不合格的，道德品质不合格的。那些技术不合格的，到了关键时刻，他能把方向盘及时调整，避免危险的发生吗？那些心理素质不合格的，到了关键时刻，他能冷静及时急刹车或加一下油门冲过去，避免危险的发生吗？那些品德不合格的，在无人监视的情况下，在没有摄像头的情况下，他能自觉遵守交通规则吗？十字路口他能做到宁等三分不抢一秒吗？他能做到车让人吗？他能滴酒不沾地开车吗？前两年国家出台了对饮酒醉酒驾车司机严惩的法令，那是在一起起血淋淋的车祸后，付出了惨痛的生命代价后才出台的。出台后是否能彻底地避免因酒后驾车而导致的惨剧的发生，还要每一个司机，每一个人身体力行，管好自己，自觉遵守交通规则啊。

孩子，悲剧往往发生在一瞬间，一瞬间一条鲜活的生命就可能灰飞烟灭。马路上不是玩闹的场所，马路上大意不得。孩子，切记，“过马路，左右看，没有车才能过。”“红灯停，绿灯行。”“宁等三分，不抢一秒。”“生命只有一次。”这样的话常记心头，上学放学老老实实走人行道。你的平安、你的健康是老师，更是父母最大的心愿，也是你对社会作出的最基本的贡献。

三　孩子，近视真苦恼

镜头回放

这几天你们好几个同学提出要往前调座位，说看不清黑板。没办法，费了好一顿心思才算安排合适，因为我们要考虑高矮个、男女搭配、学习好坏、纪律好坏等因素。虽说是一个同学调位，但老师要反复考虑他原来的前后位和他新的前后位搭配。调好位，顺便统计一下近视情况吧。好家伙，我们班五十人，十五个人或多或少地近视。你们才是个小学生啊。

老师的话

亲爱的孩子，你知道近视的苦恼吗？老师深有体会。

因为小时候不注意用眼卫生，老师四年级时就早早近视了。那时实在看不清黑板，才提出让老师调位，调到第一个位眯着眼睛还看不清黑板，没办法配了眼镜。配了眼镜轻易也不愿戴，听说常戴眼镜眼泡肿，上肿下肿很难看，那时同学们叫戴眼镜的同学“四眼子”，“四眼子”很难听，而且也怕让同学们这样叫。不过现在可能戴眼镜的多了，没有叫的了，大家已经习以为常了。不戴眼镜走路时，对面走过来一同事或邻居或其他熟人，因为看不清，常常不能主动打招呼，人家不知道你近视的，背后说你不懂礼貌，傲慢无礼。

冤啊！

现在眼镜倒是常戴了，走路戴，上班戴，看电视戴，做家务也要戴。戴了眼镜是能看清楚了，是方便了，但也有不少戴的麻烦。饭熟了一揭锅盖，眼镜片上全是一层雾。大冬天从外面进到一个热屋子，眼镜片上像蒙了一层眼罩。打篮球时要小心再小心，万一“啪”一个球传过来，打在眼镜上，那不就麻烦甚至危险了吗？不戴吧，也同样麻烦不少。看电视太近了，全家人烦恶你，挡住了大家看。眯着个眼看吧，那叫个累。开车忘戴眼镜，路上慢腾腾，绿灯都不敢轻易过，后面车辆“嘟嘟嘟”地喇叭摁不停，心里那个急，但也不敢加速。没办法，洗脸先摘眼镜，睡觉先摘眼镜，起床先找眼镜，你说麻烦不麻烦呢？

现在电视节目丰富多彩，电脑也进入了千家万户。每天你们在户外玩的时间越来越少，而看电视玩电脑的时间却越来越多，近视率也越来越高，而且深度近视也越来越多，潜在的危险也越来越大。有关资料证明：患有600度或以上的深度近视者，有较大风险患上与视网膜有关的并发症，如近视性黄斑退化、青光眼、白内障、视网膜脱落等。1000度近视患者，视网膜脱落的机会是1/148，相比500度近视的患者每6662人中有1人视网膜脱落，风险增加45倍。视网膜脱落不及时医治，可能导致失明！孩子，近视的年龄越小，不及时注意，会使近视的程度越来越深，危险也会越来越大。

孩子，老师已经近视了，已经深受其苦。听听我们这些近视眼的苦恼，好好保护自己的眼睛吧。注意用眼卫生，自觉做好眼保健操，有节制地看电视玩电脑，保持正确的读书写字姿势，别让眼镜片遮住你那闪亮的双眸，让心灵的窗户清澈明亮。

四　孩子，没有熟的果子是涩的

镜头回放

下课了，你气冲冲地拿着一张皱皱巴巴的小纸条找到我："老师，你看！"我接过来仔细一看，乱七八糟的，一字一句地拼起来，终于算是读明白了，大意就是说你和谁谁好。纸条上所写的这个男同学整天作业不写，调皮捣蛋，惹是生非，猴头流脑，肯定也不是你喜欢的类型。你那么正气，那么优秀，对他一定不屑一顾，所以你恼羞成怒。我劝你不用生气，老师会给你处理，这一定是谁恶作剧，看看这个字迹就知道。安抚好你之后，通过调查了解查到了写这个条的"罪魁祸首"，原来是他看到你喜欢我们班公认的帅哥，他心里不舒服，就故意写上我们班最差的这个同学出气。

老师的话

亲爱的孩子，喜欢哪个同学不喜欢哪个同学，都是正常现象，这是伴随着我们身体发育到一定阶段，心理上很正常的反应。下面，让我们一起来学习了解一些青春期的生理心理特点吧。

青春期是童年走向成年的过渡，主要标志是性发育和性成熟。一般从十一二岁或者十三四岁开始，有的人早一些，有的晚一些，大多情况下，女孩早一些，男孩晚一些。这时候身高增长较快，作为男性的或女性的性别特征也开始发育，如女孩乳房开始发育，来月经；男孩开始变声，再大些可能会发生遗精。这都是很正常很自然的事情，不必大惊小怪，每个人都会经历，爸爸妈妈和老师当年都经历过。

这时候的心理也在悄悄发生着变化，如为自己的身体的变化而害羞，甚至紧张不安，女同学开始不愿和男同学同位，男同学也不愿和女同学一起玩。但一个阶段之后，渐渐进入青春期，男女同学开始关注自己比较欣赏的异性同学，甚至偷偷地喜欢，这也是很正常自然的事情。但是这时候如果出现过度的喜欢，甚至念念不忘，我们要采取正确的做法，正确对待。

孩子，想一想我们爬山的时候，山坡上，半山腰上，都有星星点点的盛开的小野花。啊，太美了，你高兴地顺手采摘下来，欣赏着它娇小的花瓣，闻着它淡淡的清香。但很快，等你爬到山顶的时候，这朵小花早已不知被扔到什么地方去了。山顶上到处都是小野花，此时，你吹着山风，满心欢喜地看着眼前这一片小花，你觉得山顶上的这些好像更美更漂亮。

再让我们一起来到果园里看看吧。啊，每一棵树上都结满了果子，但它们都是青的，还没有长大成熟。你看着这些小果子，不禁馋涎欲滴："这么新鲜的果子，我吃一个吧。"于是顺手摘下一个，咬一口，马上，你龇牙咧嘴，因为它是涩的。

孩子，偷偷地喜欢某个同学，就像我们喜欢半山腰上看到的野花、果园里看到的那些青色的果子一样，看见它们，喜欢它们本身没有错。但是如果你早早地采摘下来，那些小花就会早早地凋谢，也不知什么时候就被你扔掉，那些果子也会让你尝到苦涩的滋味，同时你也剥夺了它长成又大又甜的果子的机会，你说是吗？

适当的喜欢没有错，如果和喜欢的同学一起学习，一起活动，大家团结合作，共同进步，这种纯真的友谊会成为美好永留心中。而且等到度过青春期这个特别的阶段后，你会发现原来“天外有天，人外有人”，还有更优秀的人值得我去喜欢。

但是如果这种喜欢发展成内心的念念不忘，就可能分散精力，耽误学习，甚至一失足成千古恨，自酿苦酒，要用一生的幸福作为代价呢！

孩子，不管你真喜欢还是假喜欢某个异性同学，有人起哄也好，有人乱说也罢，你不当回事，起哄的人自讨没趣，自然消停。你越当回事，正好中了那些居心不良的同学的圈套，他们巴不得寻开心找刺激，而你自己有嘴说不清。你置若罔闻，清者自清，浊者自浊。

孩子，男女同学之间，只要你坦坦荡荡，正常地学习活动，相信你会收获真正的友谊。

五　孩子，生命在于运动

镜头回放

站队上操时，你总是表现得太“突出”：你和前后左右的同学说个话，用手或用脚碰一下他们；做操时该伸胳膊的你不伸直，该伸左腿你伸右腿，该弯腰你不弯腰，总之你不按节拍做，不按动作要求做，不停地说说笑笑，还时不时从地上捡个小沙子，招惹这个招惹那个。

跑操时，跑第一圈时你就在后面拖拖拉拉的，拖拉着还不忘和跑在后面的同学说笑打闹。跑第二圈时干脆就没影了，其他同学告状，说你跑厕所里躲着。真有你的，宁可闻臭味也不愿跟着大部队跑几圈。

老师的话

亲爱的孩子，生命在于运动，所以我们要上操，要上体育课，要进行体育活动。我们说身体是“1”，学习、能力、钱财等就是“1”后面的“0”，有了“1”，后面的“0”越多，我们就越富有越幸福。假设身体不强壮、不健康、不敏捷，到了关键时刻，你就会后悔小时候没好好锻炼身体了。我们都有过感冒发烧的体验，身体不舒服，没有心思学习暂且不说，就连让你尽情地睡个懒觉，放开肚子吃一桌子好饭，你都睡不着，吃不香。躺在床上昏昏沉沉的时候，看着别人上班、上学、吃饭是多么享受啊！此时此刻你感慨万千：身体好是多么幸福的事情啊！

看来，一个人即使富得冒油，但是天天吃药打针，就算顿顿山珍海味，却一样味同嚼蜡；相反，身体倍棒，吃饭倍香。

近几年，大家都追星，而又有多少曾经辉煌一时的影视明星，他们年纪轻轻就已经“名利双收”，却在壮年盛年时陨落了，留给我们的是对生命无常的慨叹。

我们再假设一下：十年后，你长大了，有份好工作，是白领阶层，可是你身体不好，今天请假，明天请假，即使你再有工作能力，工作热情再高涨，上司也会对你不满，你也得不到重用，甚至面临淘汰的危机。再假设你只是普通老百姓，你要自食其力，你要下车间干流水线，甚至要干高强度重体力劳动，那时你没有个好身体能吃得消吗？

孩子，看看我们的体育达标成绩吧，全班一多半的同学在速度、耐力等方面都不达标。你还记得开学初的那次升旗仪式吗？ 7∶30全校开始站队集合，校长讲话，大队辅导员讲话，就比平时多了这两项内容，时间比平时延长了十几分钟，可是全校陆陆续续搀扶回去十来个同学。早晨刚睡醒觉，刚吃饱饭，只是在那里站着，就有这么多同学晕倒！孩子，我们的体质差得惊人啊！体育锻炼已经迫在眉睫了。

你再看看我们身边的一些老年人，他们深知身体是革命的本钱，散步，打太极，打门球，种点菜，养点花，再到集市上卖几个小钱，自娱自乐，真是夕阳无限好。少也好，老也好，生命在于运动。

孩子，做操跑操都是学校的规章制度纪律，老老实实遵守校规校纪，这也是一个学生的本分。小时候好好遵守学校的规章制度，长大后他一定会模范地遵守社会法律，践行社会公德，他一定是一名文明的社会公民。而且，老老实实地做操跑操，进行体育锻炼，也是对自己耐力和毅力的考验，经受了这种考验，他一定能吃苦耐劳。长大后，他一定会有个好身体，他也一定是一名自食其力、尽职尽责的光荣的劳动者，他一定会享受着快乐幸福的生活。

六　孩子，健康是福

镜头回放

课间里和你们一块聊天，聊到残疾人这个话题，你们问我："老师，你觉得哪样的残疾人最痛苦？"是盲人？他们看不见东西最痛苦。你们闭上眼睛，试了试，是挺痛苦的。我也试了试，盲人的滋味不好受。是聋哑人？听不见不能说话，多急人。是没有手的人，还是没有腿的人？你们伸了伸舌头，摇了摇头，意思是根本无法想象他们的痛苦。我们一时选不出哪样的残疾人最痛苦。

老师的话

亲爱的孩子，我们的眼睛、耳朵、胳膊、腿哪一样可有可无呢？哪一样都必不可少！不管身体哪方面残疾了，都会带来极大的不方便！那些残疾人都有其无法说出的痛苦，他们的痛苦没法比较。生活中那些残疾人比我们身体健全的人，要多付出多少倍的努力和艰辛！而又有多少身残志坚的人，取得了令世人瞩目的卓越成就！

桑兰，著名体操运动员，被誉为中国的跳马王。但这是在 1998 年 7 月 21 日之前。在美国纽约第四届友好运动会的体操赛场，一次赛前训练，桑兰不慎摔倒，颈椎骨折致脊髓损伤，导致瘫痪，结束了她的体操生涯。但她依然著名，让桑兰著名的，是她的精神，她的毅力，是她永远灿烂的微笑。她的主治医生说："桑兰表现得非常勇敢，她从未抱怨什么，对她我能找到表达的词就是'勇气'。""我对自己有信心，我永远不会放弃希望。" 桑兰用她的行动履行着自己的诺言：在北大学习、加盟星空卫视主持节目、担任申奥大使、参加雅典奥运、北京接力……

每一届的残奥会上，运动健儿们更是用他们的青春、热血为我们谱写了一曲曲生命的最强音，摄人心魄。

张海迪，因五岁时患脊血管瘤，胸部以下完全失去了知觉，生活不能自理。但是身残志坚的她没有放弃生命，更没有放弃生活。她一面以坚强的毅力与决心同病魔作斗争，一面用勤奋的学习和工作延续生命。她不仅自学完了小学、中学全部课程，而且还自学了大学英语专业课程。后来又坚持学习日语、德语和世界语，翻译了十六万字的外文著作和资料。她刻苦学习，潜心钻研了《人体解剖学》《内科学》《针灸学》等十几种医学书籍。她用学到的医学知识和针灸技术，为周围群众治病达一万多人次。她还学过无线电技术、音乐、绘画和书法等多门类知识与学科，以此作为服务人民的本领。

1993 年张海迪通过考试和论文答辩，获吉林大学哲学硕士学位；1994 年参加远南运动会；1997 年入选日本 NHK"世界五大杰出残疾人”；1998 年起担任中国肢残人协会主席；2000 年获得“全国劳动模范”称号。

这些数字和光环见证着她的成功，但是成功中又浸透着多少汗水、泪水！不屈不挠！

最近我们还学过《轮椅上的霍金》这篇课文：

“命运对霍金十分残酷。1963 年，21 岁的霍金在剑桥大学读研究生时，不幸患了会导致肌肉萎缩的卢伽雷氏症，不久就完全瘫痪，被长期禁锢在轮椅上。1985 年，霍金又因患肺炎做了穿气管手术，被彻底剥夺了说话的功能。40 年过去了，疾病已使他的身体彻底变形：他的头只能朝右边倾斜，肩膀也是左低右高，双手紧紧地并在当中，握着手掌大小的拟声器键盘，两只脚则朝内扭曲着。嘴已经歪成 S 形，只要略带微笑，马上就会现出‘龇牙咧嘴’的样子。现在，这已经成了他的标志性形象。他不能写字，看书必须依赖一种翻书的机器，读文献时必须让人将每一页平摊在一张大办公桌上，然后驱动轮椅如蚕吃桑叶般地逐页阅读。”

“他发现了黑洞的蒸发性，推论出黑洞的大爆炸……他还建立了非常美的科学的宇宙模型。他被选为最年轻的英国皇家学会会员，成为只有像牛顿这样的大科学家才能跻身的卢卡逊数学讲座的教授。”

令我们震撼的不仅是霍金的极度残疾，还有他取得的举世瞩目的成就。

其实，还有许多普普通通的残疾人，他们没有取得多么辉煌的成绩，但他们也同样顽强地与种种艰难困苦作斗争，顽强地生活着。

孩子，当你再一次看到残疾人的时候，请你不要露出一丝不敬的神情，相反，他们自理自立自强，我们应该向他们致敬！

孩子，和残疾人相比，我们四肢健全，耳聪目明，是多么幸运：明亮的眼睛，让我们去观察世界；灵敏的耳朵，让我们去倾听世界；两条有力的腿，让我们去走遍世界；一双灵巧的手，让我们去改造世界。珍惜我们所拥有的这一切吧。

“我的手指还能活动，
我的大脑还能思维；
我有终生追求的理想，
有我爱和爱我的亲人和朋友；
对了，我还有一颗感恩的心……”

孩子，让霍金的话时时萦绕在我们耳畔，时时震撼我们的心灵，让我们时时汲取前进的力量吧。

yóng gǎn jiān qiáng

勇敢坚强

一　孩子，大声歌唱

镜头回放

音乐课上，你们几个总是愿意闹，不好好唱，还捣乱。这不，一下课，音乐老师又给我一张条，黑名单上又是你们几个的名字。音乐老师说，你们几个上课时要么不张嘴唱，做小动作，要么就是东张西望，要么就是怪笑，引得大家哄堂大笑。老师训训你们，你们不以为然，有时更是变本加厉。没办法，音乐老师向我求救。

把你们几个找来，问你们："学了六年，你们学会了几首歌？""五六首吧。""那唱唱听听？""老师，我忘词了。""老师，我忘调了。"怎能不忘词，怎能不忘调呢？课堂上你们老老实实地学过唱过吗？

老师的话

亲爱的孩子，大口吃饭，大声唱歌，是多么快乐的事情，可是却成了你们的负担。看吧，一盒子饭多少同学剩菜剩馒头，吃什么都不香，现在连音乐课上的唱歌也成了你们的麻烦。

"我想唱歌可不敢唱，小声哼哼还得东张希望，高三啦，还有闲情唱，老师听了准会这么讲。高三成天地闷声不响，难道这样才像考大学的模样，这种压抑的心情多悲伤，凭这怎么能把大学考上。"这首歌曾经在九十年代风靡一时，它唱出了高三学子的心声：高考复习透不过气来，要大声歌唱，要自由快乐！可是我们现在不高考，不提分数，也不排名次，让大家自由快乐，尽情歌唱，可你们却偏偏要闷声不响！

孩子，少年不识愁滋味，让我们一起来听听这首歌吧——《小小少年没有烦恼》：

小小少年，很少烦恼，
眼望四周阳光照。
小小少年，很少烦恼，
但愿永远这样好。
一年一年时间飞跑，
小小少年在长高。
随着岁月由小变大，
他的烦恼增加了。

还有一首歌叫《做棵小树》，很美，我们一块欣赏一下歌词吧：

“做棵小树种在蓝天，长成一树开花的心愿，揽住白云招来雨点，听那小鸟讲个寓言。红一片绿一片，让世界荡在我的秋千。红一片绿一片，让世界荡在我的秋千。”

孩子，在老师眼中，你们都是一棵棵小树，尽管有的长得高，有的长得矮，有的长得粗，有的长得细，但是只要你们都在长，都在努力向上长，即使长不成参天大树，只要把一树的绿叶一片片伸展开来，展示出你生机勃勃的绿，那生命一样焕发奇光异彩。

无忧无虑的时候大声地歌唱吧，唱跑了调没人笑话，唱错了词也不算什么。尽情地唱吧，别等到你想唱的时候，连唱歌的心情都没有了。

记得老师上师范学校的时候，我们的老师跟我们这些文学爱好者如此说："你们想写诗，趁现在赶快写吧，等过了这个年龄段，你们想写也写不出来啦。"当时很不解，以为越成熟，积累得越多，越能写出有深度的东西。现在切身体会到了——工作后没有纯净纯美的心境了。

孩子，在一天天长高前，在烦恼到来前，大声歌唱吧。"生活需要七色阳光，年轻人就爱放声歌唱……锁上链子的嗓子多么痒。""唱起歌来心情多舒畅。"音乐课上大声地唱歌吧，你会觉得快乐无比。

二　孩子，昂起你的头

镜头回放

下课了，你总是一个人默默地坐着，不和别的孩子玩闹，也不大说话。开始以为你内向，后来才知道你小时候失去了爸爸。找你谈话谈到这个问题时，你总是泪眼婆娑，不敢再触动你伤心的弦。到了你爸爸的忌日，到了清明节，到了写《我的爸爸》时，那是你最伤痛的时候。你走不出失去亲人的阴影，你在沉默中思念着呼唤着爸爸。

老师的话

亲爱的孩子，人死不能复生，不管是谁，生命都只有一次，正因为这样，每个人才要珍惜自己宝贵的生命。每个爸爸都爱自己的孩子，那是舐犊情深；每个孩子也都爱自己的爸爸，那是人间真情。孩子，爸爸撒手离开你，你还有妈妈。你的妈妈是不是最爱你呢？是的，世间最爱孩子的应当数妈妈吧。母爱比山高比海深，而你的妈妈要爱你两份，她要把爸爸的爱也补偿给你。

她想方设法做你最爱吃的菜；她努力穿得不让你比任何同龄孩子差；她半夜起来看你睡得好不好，给你掖被角；你有个头疼脑热或者磕着碰着点皮，她着急心疼；你生日这天她给你做一桌子好饭。点点滴滴中妈妈把你放在心头，为你做着一切，像阳光雨露温暖着你滋养着你。孩子，没有爸爸了，你还有妈妈。

失去了爸爸，你心痛；妈妈失去了爸爸，妈妈的痛又怎能小过你的痛呢？只是妈妈默默地吞咽着痛，妈妈想用她的行动感染你，死去的已经死去了，活着的要好好活着，好好活着是对死去的亲人最大的安慰。孩子，你说是吗？爸爸活着的时候，是不是希望你坚强、快乐、好好学习、有出息？现在爸爸九泉之下有知的话，他是不是还是希望他的儿子坚强、快乐、好好学习、有出息呢？也就是说你坚强、快乐、好好学习、有出息是对爸爸最好的交代，你的爸爸也会含笑九泉的。

生活总要继续，孩子，我们每天要吃饭睡觉，我们还有追求和梦想。笑一笑，爸爸妈妈为我们活，我们要为爸爸妈妈活，我们还要为自己活，以后的路还很长，所以和妈妈一起笑对人生吧。既然不幸已经降临，逃避只能让今后的人生更不幸。化悲痛为力量，让今后的人生更精彩。

如果有一天为了生活，或者为了爱，如果妈妈再给你找一个爸爸，再组建一个家庭，孩子，请你接受他吧。只要妈妈愿意，只要他对妈妈好，只要他对你好，那这个人会负责妈妈的后半生，会和妈妈一样关心你、培养你。所以，接受他，爱他，你会发现生活中你什么也不缺，你们家和别人家一样美满幸福。

孩子，昂起你的头，笑对每个人，笑对人生，好好学习，你的妈妈这么想，你已逝的爸爸一定也这么想，他们期待着你，老师和同学们也都期待着你。

三　孩子，贫困不可怕

镜头回放

学校每年都要组织全校师生给学校的“希望工程”捐款，帮助我们自己学校里那些家庭贫困的学生。你是我们班里学校审批的贫困生，当我们把捐的钱交给你的时候，你脸红了。让你谈谈感受，你无语并落泪了。我们以为你是感动，后来才知道，其实你觉得被救助很不光彩，家里穷很丢人。

老师的话

亲爱的孩子，老师先给你讲一个故事，几年前发生的一个真实的故事，一件令人扼腕叹息的事情。

一个女研究生因为家庭贫困、学校拒绝她带自己的单身母亲住进学生宿舍，用极端残酷的上吊方式，结束了自己年轻的生命。一朵花刚刚盛开，一个有为的青年将要学业有成，就这样凋零了。留给我们的是同情、愤慨、惋惜。可能她面临种种困难，但是困难不是永久的，贫困不可怕，可怕的是没有一颗面对贫困的平常的心。如果她咬紧牙关，勇敢坚强，相信悲剧不会上演。

我们知道，家庭贫困的学生可能在学习和生活方面，要比普通孩子付出几倍甚至更多的艰辛和努力，最后即使“知识不能改变命运”，不能马上走出贫困，但最起码活着就有希望。自杀是对家人，对整个社会，对生命极端的不负责任，自责自卑同样不可取。所以，正确认识贫困，有一颗坚韧不拔的心，积极进取才是最重要的。

老师知道你家是外地的，住在租来的房子里，可能矮小破旧，可能你很少吃肯德基，这又有什么关系呢？你的爸爸妈妈爱你，老师同学们爱你，你和别人一样生活在一个温暖的大家庭里。

“三十年河东，三十年河西。”“穷不过三代，富不过三代”，尽管是古语俗话，但千百年来流传至今，总有它一定的道理。谁敢说谁家富，他家的孩子长大后就不受穷，穷人家的孩子长大了就不能富呢？韩国总统李明博不就是来自于平民吗？美国总统奥巴马不也是一个黑人吗？我们刚刚学过的课文，美国第十六任总统林肯还是一个鞋匠的儿子呢！

老师小时候有一个邻居，他的家庭条件当时在村里算是比较优越的。我们普通人家一年到头能吃上几次肉，而他家经常吃肉。他经常拿块馒头夹块大肥肉到街上吃，以此炫耀。但是现在呢？他还住着老人给他留下的那几间旧房子，为一日三餐早出晚归奔波忙碌。再看看村里那些当年比他家差的人家，多少人住上了高楼大厦，开上了汽车，这不足以说明改变命运在自己，在奋斗吗？

富有富的快乐，穷有穷的幸福。有一对农民工样子的夫妇带着他们的儿子，儿子看上去有十五六岁的样子，挺高的了，到一个住宅小区里，玩那些体育运动器械。爸爸妈妈一边一个守在儿子身边随时保护他，一家三口说着话聊着天，玩得差不多尽兴了，肩并肩心满意足地走出了这个小区。你说，他们的快乐幸福比谁少吗？

家里贫困，不是你的错。你现在被捐助，但谁敢说，明天你不会成为一个富翁去资助别人呢？孩子，贫困不可怕，昂起头，奋发图强，靠自己的努力，创造美好生活。

四　孩子，软弱就是纵容

镜头回放

这几天看到几个初中的孩子在校园里溜达，还到过我们班好几次。就问大家谁和他们有什么事，大家都异口同声地说那些人找你。找你？真奇怪，你也不是外向开朗的类型，也不是朋友多的那种，相反倒是内向拘谨，他们怎么会找你呢？找你谈话，你怎么也不说，其实你不说老师也猜到了，他们找你要钱。果然几天后，你的家长找到我跟我反映，说是家里丢了钱，怀疑你拿的。这就真相大白了，你被他们盯上了，没办法你就拿家里的钱。

老师的话

亲爱的孩子，老师知道你不是有意隐瞒，你是不敢说，因为他们恐吓你，你怕他们。但是你想过没有，你今天不说明天不说，你要一直拿钱给他们吗？他们什么时候能够停止跟你要钱呢？爸爸妈妈发现了怎么办呢？有一天你拿不出钱怎么办呢？不管哪一种情况，总有一天会发生。既然总有一天会发生，为什么不在开始就大胆地告诉家长，告诉老师呢？

你一定会说，他们比你大，他们又是好几个人，他们强你弱，你害怕。是的，你害怕，老师理解你，但你一味地忍让就是助纣为虐。你怕他们，按他们说的去做，那你就大错特错了。你正中他们下怀，他们会更加肆无忌惮——遇上一个胆小鬼，可有钱花了。本来是他们犯了错误，你是受害者，你不但没有及时揭穿他们，反而纵容他们，同时自己又犯了另一个错误——拿家里的钱。

如果你在家里一时半会儿拿不到钱，你是不是又被他们逼着拿别人的钱，要别人的钱呢？你会越陷越深。想想不可怕吗？父母挣的血汗钱，你凭什么拿给他们花？他们拿着别人的钱能干什么好事呢？他们若是正当用钱，跟他们的父母要，父母能不给吗？正当要求哪个父母不是有求必应？

不和他们打，不和他们闹，不和他们硬碰硬，想办法，动脑筋。三十六计走为上策，你怕他们就离他们远远的，不要一个人走，和同学结伴回家，有必要的话，暂时还可以让家长接送。孩子，软弱就是纵容，站出来就是保护自己。揭发他们，举报他们，是帮助自己，也等于是帮助他们。你不是孤家寡人，你有父母，有老师，有同学，还有警察法官呢。学校有老师教育他，家里有家长教训他，社会有警察整顿他，他们是过街的老鼠，人人喊打。制止他们，让他们悬崖勒马，不再误入歧途，这不就是帮助他们吗？

错的我们坚决反抗抵制，不能硬拼而要智取。那些学生再怎么欺诈不可怕，有家长有老师，你是孩子，他们也是孩子。可怕的是社会上那些形形色色的欺诈敲诈的歹徒，如果有一天你真的遇上的话，那时可能关系生死。记住：每个人的生命只有一次，钱财乃身外之物，保住性命是第一原则，用智慧脱身，拿起法律的武器，消灭他们，为社会除害。

孩子，男子汉要勇敢，要有捍卫正义的勇气和力量、智慧。吃一堑长一智，老师相信你会越来越有智慧。

五　孩子，胜败乃兵家常事

镜头回放

课间里你们几个好朋友不知为何事争得面红耳赤，问是怎么回事，你们双方各执一词，其实就是为了刚才的游戏。可能是你们玩的时候是以比赛的形式进行的，有一方连输好几局，输不起了，要撒赖，而另一方却不依不饶，你们互不相让。

老师的话

亲爱的孩子，谁没有失败的时候呢？比如打扑克下棋吧，几乎老少皆会，小孩子输了往往会哭鼻子抹泪，可如果一位老人败在一个孩子手下，老人也哭鼻子抹泪吗？显然是不可能的。每个人都好胜，但是任何时候第一都只有一个。胜败乃兵家常事，更何况你们是玩游戏，何必这么较真呢？游戏规则是要遵守，但有时适当地放松一下，给对方一点面子，让对方下来“台”，自己哪怕输一次又不损害什么利益，何乐而不为呢？要知道你们是好朋友，又不是敌我双方，是这个理吧？不是有这么一句话吗，得饶人处且饶人。宽容一些，大度一些，对方一定会感激不尽。

听过《卧薪尝胆》这个历史故事吧。公元前496年，吴王阖闾派兵攻打越国，但被越国击败，阖闾也伤重身亡。两年后阖闾的儿子夫差率兵击败越国，越王勾践被押送到吴国做奴隶。

勾践忍辱负重伺候吴王三年后，夫差才对他消除戒心并把他送回越国。其实勾践并没有放弃复仇之心，他表面上对吴王顺从，但暗中训练精兵，强政励治，等待时机反击吴国。他晚上睡觉不用褥，只铺些柴草（古时叫薪），又在屋里挂了一只苦胆，他不时尝尝苦胆的味道，为的就是不忘过去的耻辱。勾践为鼓励民众，和王后与人民一起参与劳动。在越人同心协力之下，越国强大起来，最后勾践找到时机，灭了吴国。

没有永远的常胜将军！战场上没有，体育赛场上也没有。如果关注一下各种体育比赛，你会发现，三连冠四连冠寥寥无几，每届运动会上的冠军总是不断地更新换代。长江后浪推前浪，一个人总有输的时候，但是输要输得起，要输得有志气。

孩子，做游戏也是这样，技不如人，那就苦练本领。技高一筹，也不要张狂，不知自己姓什么。考试也这样，这次考好了，那只是这段时间学得不错，要戒骄戒躁，要一如既往地努力学习。考不好，那就找漏洞补漏洞，引以为戒，下不为例。做生意也是同样的道理，赚了莫狂妄，毕竟商场如战场，稍不慎可能血本全亏。若赔了，痛定思痛，从头再来，从跌倒的地方爬起来。

其实做任何事都要有平和的心态，心态某种程度上决定着成败。胜不骄败不馁，得志时不飘飘然，不忘乎所以；失意时能勇敢面对，找原因，找方法。

再说人不可能是全面的，样样通样样精，总有一方面几方面是自己拿手的，总有一方面几方面是自己不擅长的。和人家比不拿手的时候放宽心态；比自己擅长的不骄傲，毕竟天外有天，人外有人。

孩子，竞争无处不在，看得见的，看不见的，公平的，不公平的。有一颗平常心，淡泊名利，拿得起放得下，你的人生会坦坦荡荡，光明磊落，潇潇洒洒。

六　孩子，命运掌握在自己手中

镜头回放

我们班很多同学报特长班，报钢琴班的，报舞蹈班的，报美术班的，报英语班的。你喜欢画画，可是你的父母却没有给你报美术班。班里选宣传委员时，同学们选了我们班公认的小画家，没选你，为此你闷闷不乐好几天。找你谈话，你自卑、委屈、不满，好像同学们歧视你，好像老师对你不公，好像父母欠你的。我告诉你：谁也没有阻止你成才，谁也不能耽误你成才，只要你能吃苦。

老师的话

亲爱的孩子，在你看来，画画吃什么苦！涂涂抹抹，多么快乐的事情。是的，因为你喜欢，所以不觉得苦，或者你现在还没达到吃苦的程度。如果真喜欢画，只要不断地努力，总有一天你一定会成功的。

孩子，报特长班发展特长，只是助你成才成功的一臂之力，并不是唯一渠道。况且现在辅导班的老师鱼龙混杂，有的甚至会误人子弟。看看每年学琴学画的孩子有多少，但最终学成的又有几人呢？一瓶子不满，半瓶子晃荡，这样的特长还有什么意义呢？而且如果真的报了班就能成才的话，那一所所高校还有存在的意义吗？不是越早报特长班越早成才，不报班一点不耽误你成才。

《儒林外传》中有一篇文章——《王冕学画》：明朝时候，浙江诸暨出了一个有名的画家，叫王冕。王冕小时候家里很穷，父亲让他去给地主放牛。他常常把牛拴在树上，悄悄地走进学堂去听老师讲课。王冕不仅喜欢读书，还喜欢画画。一次雨过天晴，他看到一池荷花很美，就想画下来。他向学生借了几支破笔，把树叶捣烂，挤出汁水当作绿色的颜料；把红色的石头研成粉末，和水调匀，当作红色的颜料，就坐在湖边上画起荷花来。他一边画，一边对着荷花仔细地琢磨。这样画来画去，琢磨来琢磨去，最后，他画的荷花简直跟湖里长出来的一样，好看极了。画荷花成功了，他接着学习画山水，画牛马，画人物，到后来，不论画什么东西，他都画得很好。

孩子，王冕家里穷，没有纸，没有笔，在地上画；没有报特长班，没有请老师教，一样成了画家。成才并不在于报不报辅导班。

我们都知道青年钢琴家郎朗，他小时候喜欢音乐，表现出较高的音乐天赋，但最终是父亲“逼”着才练出个大师级的人物。他吃了多少苦？练不好，父亲曾经让他跳楼！

知道发明大王爱迪生的故事吗？他是铁路工人的孩子，小学未读完就辍学，在火车上卖报度日。他是一个异常勤奋的人，喜欢做各种实验，制作出许多巧妙机械。他对电器特别感兴趣，自从法拉第发明电机后，爱迪生就决心制造电灯，为人类带来光明。为了选择合适的耐热材料，他把自己所能想到的各种耐热材料全部写下来，总共有一千六百种之多，一一进行实验，最后终于使电灯走进了千家万户。

因为贫穷，没有实验室，有一次爱迪生在火车上做实验，列车突然颠簸，使一块磷落在木板上，引起燃烧。列车员赶来扑灭了火焰，也狠狠地给了他一个耳光，打聋了他的双耳，并将其所有设备扔出了火车，可他依然坚持不懈地进行实验。

爱迪生一生两千多项发明，造福了全人类。

炸药工业之父诺贝尔，与烈性炸药打交道，几十次险些落入死神的魔掌。一次实验室里发生爆炸，五位实验人员牺牲了，其中包括他的弟弟，父亲也受了重伤。失去亲人的痛苦和多次实验失败，都没有动摇他继续研究炸药的决心。“轰轰”，随着异乎寻常的巨响，实验室里浓烟滚滚，诺贝尔满脸是血，从浓烟中冲出来，他成功了！

“学海无涯苦作舟”“梅花香自苦寒来，宝剑锋从磨砺出。”孩子，你真爱画画，尽情地画吧，没有人会阻止你成为画家。

我们不能选择家庭，不能选择爸爸妈妈，可能一些富裕家庭的孩子，请老师指导的孩子，能更早地成才成功，但最终成才、成功与否在于我们自己，因为命运掌握在自己手中。

guāng róng chuán tǒng

光 荣 传 统

一　孩子，团结就是力量

镜头回放

下周学校就要召开一年一度的运动会了，和往常一样每个班要出一个三十六人的方队，还要评选优秀方队。前几年哪个班的方队走得齐，口号喊得响，就可以摘取“优秀方队”的桂冠。现在每个班的水平都大有提高，不相上下，要胜出需要有点新花样。于是，我大笔一挥凭着点软笔书法的薄底子，把我们班方队的口号写成几个大字，让后两排同学双手高举着，鲜艳夺目。大家又集思广益，买来彩带戴在手腕上，找出我们的夏天校服作为我们的统一服装，女同学跟妈妈要来肉色长筒袜。外包装工作做好了，最终还要看实力。这个周的每个大课间，每个体育课我们都在练齐步走，练口号，一遍又一遍，腿疼胳膊酸，好多同学都吃不消，一个劲地喊累。尽管平时艰苦，运动会那天，你们雄赳赳，气昂昂，高喊着口号，齐心协力赢得了“优秀方队”。

老师的话

亲爱的孩子，此情此景老师记忆犹新。是大家刻苦训练、齐心协力换来了今天的好成绩。

还记得2008年北京奥运会开幕式的情景吗？变化多端的闪光字方阵，那是千百个人组成的，每个人手里拿着不同的道具，谁也不能出差错，因为牵一发而动全身。国庆节那天，天安门广场的海陆空部队的方阵整齐划一，好像用尺子量过的步伐、动作。万众瞩目的时刻，这令人叹为观止的表演，体现出每个人高度的责任心和强烈的集体荣誉感。

说到团结这个话题，老师想起了我们班和四班拔河的情景。当时 0∶2 我们班败下阵来。其实论块头我们班占很大优势，论力量我们班不在他们班之下，但事实上我们班连输两场。大家一肚子不服气，但是光不服气有什么用啊？老师发现这么个细节：当时，我们班每个参赛队员都在使劲拔，但旁边啦啦队加油的口号声不是统一的，大家用力的点没有集中在同一瞬间。相反，四班组织有序，一个同学先喊“一二”，其他同学再一齐喊“加油”。这样啦啦队统一口号，队员们统一用力，人家就大获全胜了。可见，拔河不仅是力量大小的较量，心往一处想，劲往一处使，才是最终成功与否的关键。

齐心协力还能以少用多，出奇制胜。

同学们，还记得我们学过的那篇课文《飞夺泸定桥》吗？

“时间只剩下 20 多个小时了，红四团离泸定桥还有 240 里。敌人的两个旅援兵正在对岸向泸定桥行进。抢在敌人前头，是我军战胜敌人的关键。

红四团翻山越岭，沿路击溃了好几股阻击的敌人，到晚上 7 点钟，离泸定桥还有 110 里。战士们一整天没顾得上吃饭。天又下起雨来，把他们都淋透了。战胜敌人的决心使他们忘记了饥饿和疲劳。在漆黑的夜里，他们冒着雨，踩着泥水继续前进。终于在 29 日清晨赶到了泸定桥，把增援的两个旅的敌人抛在后面了。激战了两个小时，守城的敌人被消灭了大半，其余的都狼狈地逃跑了。

红四团英勇地夺下了泸定桥，取得了长征中的又一次决定性的胜利。红军的主力渡过了天险大渡河，浩浩荡荡地奔赴抗日的最前线。”

战士们热血沸腾，齐心协力，团结一心，以少胜多，取得了这次战斗的胜利。

孩子，我们都知道一根筷子很容易被掰断，但一把筷子就很难掰断，人多力量大，团结力量大。学校组织集体性的活动就是培养大家的集体意识、集体荣誉感，让我们懂得团结就是力量。一个人任何时候都不是孤零零的一个人，他的身后总有一个集体，集体在监督他，集体在约束他，集体在教育他，集体在帮助他。从小有集体意识，他就会有高度的责任感、荣誉感，他就会严于律己。

二　孩子，劳动最光荣

镜头回放

我们班卫生方面几乎没被扣过分，这要归功于我们班有王丽这个认真负责的卫生委员。每天早晨、中午，总看到她又是扫又是擦，尽管老师给她一个特权——她的任务是检查监督值日生值日，可以不用值日。可她从来没用这个权力，反而一丝不苟地干活。和她交流起值日生的问题来，她说每个组总有那么一两个不值日的，一组谁谁，二组谁谁，三组谁谁等，他们不是跑了就是找不着影了，要不就是糊弄糊弄，她就替他们干。组长也管不了他们，因为不知什么时候他们早无踪无影了。罚他们吧，老师不在现场，他们都跑了，罚和没罚没什么两样。

不行，要杀鸡儆猴。第二天中午放了学我就在教室里守着，看看你们跑不跑。不看不要紧，看你们拿扫帚那个样子吧，腰几乎是直的，还怎么扫地？桌面底下的纸屑扫是去扫了，扫的时候直接把扫帚伸进去，垃圾没扫干净倒是把扫帚头的苗弄折了。还把垃圾从教室前面扫着拖着，一直拖到教室后面，本来走廊过道里没什么垃圾，结果被这么一拖，满过道都是。这哪是值日！

老师的话

亲爱的孩子，还记得你们幼儿园里学过的一首儿歌《劳动最光荣》吗？我们一起来唱一唱吧：

太阳光金亮亮
雄鸡唱三唱
花儿醒来了
鸟儿忙梳妆
小喜鹊造新房
小蜜蜂采蜜忙

幸福的生活从哪里来
要靠劳动来创造

青青的叶儿红红的花
小蝴蝶贪玩耍
不爱劳动不学习
我们大家不学它
要学喜鹊造新房
要学蜜蜂采蜜糖
劳动的快乐说不尽
劳动的创造最光荣

那时候你们不会扫地，却非要拿把扫帚把扫好的地弄得乱七八糟，老师夸你们爱劳动，可爱。那时你们小，不必说把地扫干净，就连吃饭都洒得身上、桌上、地上都是饭渣子。现在呢？吃饭吃得倒是很利索，不洒饭渣了，可扫地现在还没学会！

你会说在家里爸爸妈妈不用我扫地，我的任务就是学习。好，你的任务是学习，可你学习好了吗？孩子。每个爸爸妈妈都爱自己的孩子，他们宁可自己吃苦受累多干点活，也不愿耽误孩子的学习时间啊！他们就是想让孩子学习好啊！可是孩子，你做好了吗？也可能你会说，是的，我学习好了。好，即便是这样，你想过没有：你能跟着爸爸妈妈生活一辈子吗？他们能为你扫一辈子地，做一辈子饭，洗一辈子衣服吗？你非要做那个出去上大学连个鸡蛋不会剥皮的大学生吗？还是你上大学的时候，爸爸妈妈跟着你，给你剥鸡蛋皮叠被子扫地呢？

也许，你会说学校里有别的同学会扫地。是的，除了你们这几个同学不好好值日外，我们班大多数同学值日时认真仔细，把教室打扫得一尘不染。孩子，为什么同样有一双手，同样有十个手指头，为什么别人会，你就不会呢？再说那些会扫地的同学，都是以后要专门扫地做这样的活吗？你看我们班那些值日好的同学，是不是都是学习好的同学呢？是不是做事认真的同学？是不是品德好的同学？相反，像你们几个不会扫地的同学，是不是作业不写，成绩也比较差呢？

孩子，扫地几乎是一项最简单的劳动，不是你不会扫地，而是你不想扫！你把腰弯下来，一点点地做，看你能不能把地扫干净！在家里你依赖父母，在学校里你依赖同学，这跟寄生虫有什么区别呢？寄生虫之所以寄生是它自己想不劳而获，你之所以依赖别人其实也是想不劳而获！多么可怕的想法！你看那些小偷强盗是不是不劳而获？你看看那些投机取巧的人，最终是不是铸成大错？天上没有掉馅饼的事！只有劳动才能自食其力，只有劳动才能创造美好生活！

能不能扫好地，也可以检验一个同学的责任心的问题。你不好好扫地，就是对你们小组同学不负责任，对我们班级不负责任，同时也是一个没有集体荣誉感的人！一个从小对他人不负责任的人，就是一个自私自利的人。一个自私自利的人光想着自己，到了关键时刻为了达到自己的目的，说不定会不择手段，你说这样的人可怕不可怕？

孩子，知道《一屋不扫，何以扫天下》这个故事吧？有扫天下的胸怀固然不错，但是扫天下正是从扫一屋开始的，不扫一屋是断然不能实现扫天下的理想的。

老子说："合抱之木，生于毫末；九层之台，起于垒土；千里之行，始于足下。"

荀况《劝学篇》里说："故不积跬步，无以至千里，不积小流，无以成江海。"

列宁说："人要成就一件大事，就得从小事做起。"

以上这些至理名言，都充分体现了扫天下与扫一屋的关系，说明了任何大事都是由小事积累而成的道理。“莫以善小而不为”，“善”再小，也只有积善才能成德。总体来说：做人做事要脚踏实地，一步一个脚印，不能好高骛远，眼高手低，光说不练。

孩子，拿起扫帚弯弯腰，把地扫好，在学校尽好一个值日生的职责，在家里自己的事情自己做，这些都是生存之道，都是劳动技能。从小做一只勤劳的小蜜蜂、小燕子，长大后才会创造出醇美的生活。孩子，劳动最光荣，长大了，即使你拿着扫帚做一个扫马路的人，也一样光荣，因为凭着自己的劳动吃饭，给社区街道，给我们生活的环境带来清洁，你有充分的理由自豪!

三　孩子，诚实守信

镜头回放

“老师，他这个题错了，您没批出来，我让他打上叉号他不打，他自己偷偷地改成正确的答案。”课堂上李强义愤填膺地揭发你。“好，我知道了，等下课后再处理。”下课后把你俩叫到办公室，你对李强还是气冲冲的，一肚子不服气，意思就是：“我的卷子不用你管。”还没等我问，李强又补充你的罪证：“老师，这份卷上的家长签名是他模仿家长的笔迹，自己写上的，您也没看出来。”

老师的话

亲爱的孩子，你想考个好成绩，说明你是个有上进心的好孩子，老师为此感到很欣慰。

平时的检测也好，单元过关也罢，其实都是为了查缺补漏，是为了发现问题、纠正错误。哪地方有漏洞，哪地方掌握不好，及时复习巩固就可以掌握牢固，而并不是单纯看看你考了多少分，是A是B还是C。分数和等级只是衡量你掌握情况的手段、方式，不是最终目的。每个同学都希望自己考个高分数，你们的爸爸妈妈，包括每位老师都和你有一样的想法，都希望你考个好成绩。但是好成绩的取得要靠平时上课认真听讲，课下认真完成作业，是靠努力学习换来的。

老师批卷时，稍一马虎会把对的批成错的，会把错的看成对的，这是老师的失误。如果你能及时发现并指出来，那么你是一个多么诚实的好孩子啊！但是，像这次这样，你偷偷地改题，还冒充家长的笔迹签名，就是隐瞒事实，撒谎骗人啊。这看起来是微不足道的小事，但坏毛病都是从点滴开始的，像漏洞一样，越来越大，最后一发不可收拾。

你一定听过《狼来了》的故事吧？放羊的孩子，一而再再而三地喊“狼来了”，人们纷纷赶来发现上当受骗。等狼真的来了，任凭那个孩子喊破嗓子，人们也不再相信了，他白白送了性命。因为撒谎，这个孩子付出了生命的代价！

《木偶奇遇记》中的那个小木偶皮诺曹顽皮而又任性，因为说谎而使鼻子变长，他一心贪玩，吃尽了苦头：为了看戏不惜卖掉课本。在酒店获得好心老板的五枚金币，回家路上受狐狸和猫的欺骗，差点儿被它们吊死，幸亏巧遇仙女而得救。被狐狸和猫骗走金币后又被愚人国法官投进监狱；出狱后，又被捕兽器夹住，被迫当了看家狗……最后，小木偶觉悟懂事了：每天去做工，有空还编篮子，晚上读书、写字，终于成为一个诚实、听话、爱学习，还能帮助父母的好孩子。

我们知道革命导师列宁小时候的故事。有一天他跟着爸爸、姐姐到姑姑家里做客，和表哥、表姐在姑姑的房间里玩“捉人”的游戏，不小心碰了桌子，把花瓶打碎了。几天后他良心不安，写信向姑姑承认自己说了谎。大家都说他是个诚实的好孩子。

宋庆龄小时候，一天，全家要到伯伯家做客。她为了信守诺言，宁可不去伯伯家看鸽子，也要等候小珍，而且空等了一天，她心中坦然，这是守信用的表现。

名人伟人小时候诚实守信，长大后光明磊落，成就了一番事业。那些做生意的，不管是小本买卖还是大规模商品交易，假如你骗人家一次，第二次第三次人家还会上门来买货订货吗？

孩子，你的同位监督你，坚持正义，一是一，二是二，让你诚实，你应该感谢人家才对。好习惯要从小养成，坏习惯要从小改正，小事不撒谎，大事才能分清是非黑白。“不以善小而不为，不以恶小而为之”，从小做一个诚实守信的好孩子吧。

四　孩子，勤俭是咱们的传家宝

镜头回放

批作业时发现你总是隔三差五地换作业本，一页纸写几行字就换新页，用用这页，用用那页，写写数学，写写语文，甚至空几页又接着写。这次你又换本子了，是一本精致的软皮本。本以为你能多用几天，没想到过了几天你又换本子了。找你谈话，你说喜欢这样用。但是不能因为喜欢就这样用啊，太浪费了，看了令人心疼。

老师的话

亲爱的孩子，“勤俭是咱们的传家宝，社会主义建设离不了，离不了。不管是一寸钢哎嗨一粒米，一尺布一文钱，咱们都要用得巧。好钢要用在刀刃上，千日打柴不能一日烧，不能一日烧！”这些歌词到现在老师还记忆犹新，你的爸爸妈妈一定也记得，爷爷奶奶会记得更清楚。我们小时候因为家里穷，衣服补了又补，姐姐穿完妹妹穿，本子用完正面用反面，用铅笔写完再用钢笔写。那时我们穷，吃的、穿的、用的都节俭。

现在我们富了，生活好了，衣服不必像小时候那样缝缝补补了，几乎也不需要旧物再改造、再利用了。但是，富了并不表明我们吃的、穿的、用的取之不尽，用之不竭。我们这一代人用完了，还有子子孙孙啊。孩子，尽管我们这个地区是富了，但内陆地区、偏远地区还不够富裕，那里的孩子吃的、住的、穿的、用的是什么样子，你知道吗？他们上学翻山越岭暂不说，就连书、本子、笔对他们来说都很珍贵。孩子，同样是同龄人，你想想那些同学的学习和生活，你还好意思再浪费吗？

看看我们身边存在着多么严重的浪费现象：大白馒头吃那么几口就随手扔掉；水龙头不及时关掉，水就那么哗哗地流着；本子还有一半的页数，就那么扔进了垃圾筒；饭店里几乎未动筷的饭菜；前年去年穿过的衣服不合身了，不赶潮流了，也成了废品……浪费几乎无处不在。

私家车越来越多，出门就是车，看起来是方便，但却是极大的浪费！汽油，人类的宝贵资源，它是多少万年才能形成的，汽油越用越少，我们留给后人的资源又有多少呢？

据第四次全国森林资源普查，目前我国森林面积和林木蓄积量在世界上排第六位，但人均量分别仅及世界人均值的六分之一和八分之一。我国森林覆盖率为 18.21%，仅为世界平均值的一半，在世界上排名 100 位之后。

我国也是水资源紧缺的国家，人均水资源占有量只有 2200 立方米。我国 600 多个城市中，400 多个城市存在供水不足问题。由于过量抽取地下水，目前全国已有 70 多个城市发生了不同程度的地面沉降。由于地面沉降，华北一些地区地下水循环系统平衡遭到破坏，地下水质恶化。我国地下水污染问题也十分严重，浅层地下水资源污染比较普遍，全国浅层地下水约有半数地区遭到一定程度污染。

二氧化碳太多，植树造林太少，造成全球气温上升，造成了气候的不稳定的变化。土地沙漠化，水土流失，生态循环规律被破坏，我们留给后人的又是什么呢？

勤俭节约是咱们的传家宝，孩子。节约用水，节约粮食，节约纸张，节约可再生和不可再生的资源，“别让人类的眼泪成为地球上的最后一滴水。”

孩子，家里有钱是一回事，并不影响你节俭。作业本总要用完一页再翻新页吧，这也是做事的条理性，总不能乱七八糟，虎头蛇尾吧？作业本的使用看起来是小事，但是大事都是由这些点滴小事的态度决定成败的。好习惯从小培养，好习惯形成好品质，好品质受益终生。

孩子，做一个勤俭节约的人吧，勤俭是咱们的传家宝。继承这个宝，并传给你的子孙后代，从现在做起吧。

五　孩子，有则改之，无则加勉

镜头回放

“老师，他在背后骂你。”刚下课李强跑过来告状。为什么骂我？“他说你偏向我。”他为什么这样说？“说你不公平，光让他重写，不让我重写。他还说我们组长从来不值日，你也不管。”好，老师知道了，你甭理他，我找他谈话。

老师的话

亲爱的孩子，老师为什么让你重新写作业而没有让他重新写呢？现在老师告诉你：一是因为你书写潦草，没有认真写字；二是因为昨天老师讲过的题你还是出错，说明你昨天没有认真听讲，不是你没有听懂而出错，而是你粗心出的错。凭这两个原因，你说老师该不该让你重新写呢？

你认为老师让你重新写而没有让他重新写，只让他改过错来就行，这样很不公平，是吗？那么请你把自己和他比一比：论学习，你俩的成绩是在一个水平线上吗？你每天按时交上作业，他能按时交上吗？每次检测你总是达优秀，他不是刚刚及格吗？如果这次老师再让他重新写一遍作业，那他干脆不交作业了，那可怎么办呢？孩子，你想过这些吗？老师想过，所以老师因材施教，让你重新写，而只让他改错。老师对你高标准严要求，不是说严师出高徒吗？你要和同学横向比较没有错，但是老师希望你能和一个各方面都比你优秀的同学比，找出差距，努力赶超人家。

有的时候老师批改作业，处理班务，或者批评某个同学，出于各种原因不能一一告诉每个同学缘由——老师为什么要这样处理，这样处理有什么用意。如果你不能正确理解，那么老师请你先扪心自问，先自我反省：我什么地方做得不够好？错在哪里？老师为什么批评我？老师为什么这样处理？要勇于作自我批评。有则改之，无则加勉，就是要虚心听取别人的意见，对别人给自己指出的缺点错误，如果有，就改正，如果没有，就用来提醒自己不犯同样的错误。

你知道有这么一个小故事吗，《讳疾忌医》？扁鹊是古代一位名医。有一天，他去见蔡桓侯。他仔细端详了蔡桓侯的气色以后，告诉他他得病了。但蔡桓侯却听不进逆耳的话，不当回事，然后他的病逐渐发展到肌肉里，肠胃里，骨髓里，最后无药可治，病死了。

医生给你指出毛病，那是为了你的身体健康着想，负责。老师给你提出缺点、意见，那是教你做人，做事，养成好的习惯，形成好的品质，老师也是对你负责任。

老师本着公平公正的原则对待每一个学生，一视同仁。你做得对，老师会表扬你；做得错，老师就要批评甚至适当惩罚你。老师希望每一个同学都健康成长，长大成才。如果你对老师有意见，请你当面指出来，不要在背后说三道四。你说得对，老师会接受，如果你错了，那我会告诉你错在哪里。如果出于各种原因不愿当面说也没有关系，那么可以用小纸条或写信等这些方式提出来，老师一定会“有则改之，无则加勉”。

孩子，“见贤思齐焉，见不贤而内自省也。”对自己高标准严要求，严于律己，你会越来越进步，越来越优秀。

yán yú lǜ jǐ

严于律己

一　孩子，戴好你的“三证”

镜头回放

“老师，我们班又扣分了。”怎么了？一问才知道又是你没戴小黄帽和红领巾。学校设了层层监督岗，抓“三证”不齐全者，红领巾，黄帽，校牌，少戴一样，给班级量化成绩扣2分。这个周你被抓了三次，给我们班扣了6分。问你怎么回事，你说忘了。那就警告你以后别忘，并且罚你抄课文，让你长点记性。不知道你从哪个班借来一篇抄好的课文应付我，令我哭笑不得。

老师的话

亲爱的孩子，你一而再再而三地不戴“三证”，老师相信你确实是忘记了，因为在你看来这三样“通行证”真是又麻烦又累赘，你确实不愿意佩戴，所以平时能不戴就不戴。其实不光是你，哪个同学又愿意戴呢？而且不光是你们，哪个班主任又愿意用这些证件的佩戴与否，来衡量班级工作做得好坏呢？但是不愿意归不愿意，这是学校的规章制度，我们必须严格遵守。今天让我们一起来这解读“三证”的意义，了解其必要性，希望以此能增强佩戴的自觉性。

先来说说红领巾。站在队旗下你举起右拳宣誓的那一刻，老师就告诉你：红领巾是红旗的一角，是革命先烈抛头颅洒热血换来的，是烈士用鲜血染成的，佩戴红领巾是对革命先烈的缅怀，是要牢记今天的幸福生活来之不易。每天佩戴红领巾是学校爱国主义教育最具体的形式。

然后我们再来说说小黄帽吧。学校要求每个同学上学放学要佩戴小黄帽，那是为了保护我们的人身安全。如果注意观察的话，你会发现马路上很多地方的警戒线都是黄色的。十字路口的红绿黄灯，其中黄灯亮表示要慢行，也是警示。小学生戴小黄帽也是这个作用，警示每一位机动车、非机动车司机注意避让我们，是人身安全的保障。你说应该不应该戴呢？

最后说说校牌。每个学生佩戴校牌，这是学校领导十多年前到优秀学校学习，带回来的宝贵管理经验。学校管理要上水平上台阶，必须要规范管理，对老师规范管理，对学生规范管理。你乱跑，违反纪律了我警告你，可你一转身跑得无踪无影，不要紧有校牌，一看一查就知道是哪个班的哪个学生，对号入座，给相关的学生扣分，给他所在的班级扣分。校牌是一个学校规范管理的标志。你再注意一下，你还会发现公司企业工厂的职工每人都佩戴胸卡，也相当于我们的校牌。这些都告诉我们，规范管理才能有高质量，精细化管理才能上台阶。

其实学校严格监督这三样证件的佩戴，也是为了督促我们养成一种好习惯。每天你要整理好自己的学习用品，红领巾、小黄帽、校牌也是你的学习用品，要摆放有序条理，每天要佩戴，做不到做不好就要扣分，扣了分就要受批评受惩罚，要为自己的不良行为负责。

这三样证件的佩戴，也能衡量一个班级学生的集体荣誉感。你想，学校一年到头才举行几次大的活动啊，要衡量一个班级的好与坏，主要还是看这个班的学生对学校规章制度的遵守情况。平时哪个班扣分少或者没扣分，那这个班学期末就可以获得“模范班级”的光荣称号，大家会一致认为这个班是优秀的班集体，这个班的学生会以此为荣，这个班的班主任也相应地被评为优秀班主任。优秀班集体的学生比其他班级的学生集体荣誉感强，这个班的凝聚力也会越来越强，各方面的表现也会越来越好。相反，一个班的学生今天我扣分，明天他扣分，今天你被点名，明天他被批评，能是一个好班吗？这个班的学生还谈什么集体荣誉感呢？

因为规范管理，我们学校由一个普通的农村小学一步步创建成今天的市规范化学校、省规范化学校。孩子，现在把你的太多无奈深埋心底吧，因为无论你走到哪里都要被管理，即使你是一个管理者也要受到上级的管理，这就是社会。没有规矩不成方圆，孩子，每天认真佩戴好你的“三证”吧。

二　孩子，心存感恩

镜头回放

课间我们闲聊，说起生日这个话题大家七嘴八舌，说自己是怎么怎么过生日的。我笑着听着，心里想着，你们这些孩子真够幸福的。等你们说得差不多的时候，我问你们，知道爸爸妈妈的生日吗？他们的生日怎么过的？大家不再活跃了，不好意思得有的吐舌头，有的摇头，有的三言两语说，就是煮几个鸡蛋，多炒几个菜。

老师的话

亲爱的孩子，父母为我们付出了多少，你又为父母做过什么呢，你想过吗？我们不妨粗略计算一下：一个小孩从出生到就业或者结婚成家，二十年或者二十五六年，父母养育他，吃的、喝的、穿的、玩的、用的、生病药费、上学学费等等，要花多少钱？十万？

二十万？此过程中花费的时间精力，又怎么来衡量呢？

可能你会说父母养育孩子天经地义。是的，没有错。法律规定一个人到了十八岁就成年了，成年了表示要自己养活自己。可是你十八岁的时候，能自己养活自己吗？衣服能自己洗吗？饭能自己做吗？钱能自己挣吗？你一定摇头。其实在我们国家，一个人到了十八岁反而是花钱最多的时候。上大学每年伙食住宿和学费要一万多，四年下来，总要五六万吧。找工作时有几个父母不是能求爷爷的帮你求爷爷，能告奶奶的帮你告奶奶，或者出资做本钱让你自己创业？要结婚了，要给你买房，哪个房子不是少说几十万，多说上百万？然后就是装修结婚。你榨干了父母一辈子的血汗钱，他们还要省吃俭用帮着你还银行贷款。孩子，这些都是天经地义的吗？

等他们老的时候，你像当年他们对你那样对他们了吗？没有。你看我们身边多少反面例子。农村有的老人五六个儿子落得个没地方住；有的老人儿子住宽敞明亮的大房子，自己住又窄又潮的小南屋小偏房；有的老人跟儿女要米面要饭吃；还有多少空巢老人。最近不是有报纸上报道，一老人“重赏”——“哪个儿女回家过年就把房产给他”吗？甚至一老人打官司状告自己的一对儿女，让他们回家陪她过年。老人病了，小病还好说，大病呢？“久病床前无孝子”，这不是戏言。这些都是我们身边活生生的例子，当然是极少数。大多数子女是好的，但子女再好能抵过父母当年对自己的好吗？

孩子，其实每个父母不是非要你如何如何地回报他，当年他们养育你教育你时，不曾想要你的回报，那是他们的本分，所以说父母对儿女的爱是无私的。他们老的时候只要住得安稳、吃得安稳，哪怕粗茶淡饭，他们已经心满意足，只要你心存感恩。

我们都知道这么个小故事，一个小女孩和妈妈发生冲突离家出走，又累又饿。一饭店老板给她一碗饭吃，她千恩万谢跪拜自己的救命恩人，岂不知她的父母正在苦苦寻找她，千呼万唤。她又何曾想过，她的父母哪天不是给她做着香喷喷的饭菜，让她吃得饱吃得香？饭店老板狠狠地训斥她不懂父母恩，她才如梦初醒。

1999 年春晚那首《常回家看看》唱醒了多少儿女的心，唱暖了多少父母的心：

“找点空闲找点时间
领着孩子常回家看看
带上笑容带上祝愿
陪同爱人常回家看看
妈妈准备了一些唠叨
爸爸张罗了一桌好饭
生活的烦恼跟妈妈说说
工作的事情向爸爸谈谈
常回家看看回家看看
哪怕帮妈妈刷刷筷子洗洗碗
老人不图儿女为家作多大贡献呀
一辈子不容易就图个团团圆圆

……

老人不图儿女为家作多大贡献呀

一辈子总操心只奔个平平安安”

这就是父母的心，朴素的心，知足常乐的心。

日本人待人接物“点头哈腰”，鞠躬又行礼，那是他们的民族礼仪。可是我们把我们民族的东西都现代到哪儿去了呢？看看有多少家庭里的孙子辈不是倒过来成了“爷爷辈”了！孩子，大人这样做，有大人的背景，爷爷辈父母辈吃过多少苦，他们不想让你们吃苦，才对你有求必应，甚至纵容娇惯。可是我们不要自己惯自己，不要以为他们就应该这样做。对父母我们心存感恩，是他们把你们带到这个世界上来，让你衣来伸手饭来张口，无忧无虑。把父母对你的好作为你的榜样，反过来你能像父母对你一样好地对待他们，做一个懂事的孩子。对帮助过你的人心存感恩，等他们需要帮助的时候伸出你的手；对那些没有帮助你但也需要帮助的人，伸出你的手，做一个善良的人。让我们一起唱起这首《感恩的心》吧，让你我的心温暖如春。

天地虽宽这条路却难走

我看遍这人间坎坷辛苦

我还有多少爱我还有多少泪

要苍天知道我不认输

感恩的心感谢有你
伴我一生让我有勇气做我自己
感恩的心感谢命运
花开花落我一样会珍惜

三　孩子，你是那颗大红豆吗？

镜头回放

又到学期末，每个班评选一名优秀班干部、六名优秀队员，全班投票，先投出十五名候选人，然后从这十五人中再全班投票加上老师的票最终决定优秀名单。五十人，你得了十二票，落选。你很委屈，找到我，“老师，我觉得同学们投票不公平。”你说投票不公平，那么你认为用什么方式评选公平呢？你无语了。让老师指定？你摇头。那你说我们班被评上的那几名同学和你比，他们谁比你差？你又摇头。

老师的话

亲爱的孩子，老师知道你在乎荣誉，在乎荣誉说明你上进。一个有上进心的孩子，哪怕这次没有争取上，他一定会不断努力的，老师对你充满了信心。

老师也理解你的委屈，你和王红同学一块负责我们班的卫生工作，但是她评上了，你却落选了。其实你和王红都挺优秀，你们学习努力，勤奋上进，对工作认真负责。但现在你落选了，孩子，你反省过自己吗？是不是平时在安排、检查卫生的时候方法不得当？是不是平时你只注重检查卫生而自己不去打扫卫生？是不是平时别人问你个题你没好好地给人家讲解？是不是你大吼小叫和别的同学争吵过？因为这些不良言行，使得同学们在投票的那一刻，记得的是你的种种不好，而忽略了你的好，所以大家就把票投给了王红，而你落选了。老师也知道投票有它的弊端，不可能绝对地公平公正，因为每个人都有主观武断性。但是你也不能全部否定投票的合理性，毕竟全班同学不可能都不公平吧？毕竟大家的眼光是亮的。

孩子，班级工作是为班级服务的，也是为同学们服务的，自己付出了努力，要得到同学们的认可，否则会出力不讨好，所以做班级工作时，要讲究方法和技巧，关键时刻还要学会忍让。老师在班上宣布给你俩特权，你俩可以不用打扫卫生，只要保证我们班卫生区干净不扣分，监督、检查好就行。因为人不会分身术，老师怕你俩光顾着打扫自己分内那点卫生区而忽视了自己的主要任务——检查，所以在班上承诺你俩可以不用值日。可是总有那么几个同学看你们有特权心里不平衡，气不过。也总有那么几个同学，不能按要求把他的卫生区打扫干净，你替他扫一回擦干净，他心里会有数。有付出总有回报，付出你的真心，同学们会用真心回报你。你看王红同学就是默默无闻地做，大家都看在眼里，记在心上。老师有意帮你，可你初选没入围，老师也不想在班上给你解释什么了。孩子，下次努力争取吧，老师期待着你的进步，好吗?

记得以前读过一篇小文章，大意是一个小女孩，因为老师没选她参加比赛，回到家闹情绪，说老师不公平。正好妈妈在挑豆子，让她选出一颗大点儿的豆子，她选了老半天，拿起这颗又放下了，又拿起那颗，比比，又放下，最后她胡乱拿了一颗交给妈妈。妈妈问她：确定这是一颗最大的吗？她摇头。然后妈妈在这些豆子中放进一颗大红豆，让她挑最大的一颗。一目了然的事情，她直接挑出了那颗大红豆。接着妈妈给她讲：你觉得自己很优秀，但在老师眼中你和被选上的那个同学其实差不多，谁去都一样。当然比赛应该选最优秀的同学去，你要让老师选上你，你就做那颗大红豆，大得显眼，优秀得不容忽视。

孩子，你明白了吗？要被选上，你就做那颗大红豆。落选后斤斤计较，耿耿于怀，那只能越落越远。塞翁失马，焉知非福，落选了就当成给自己的一次挫折教育，让自己更成熟、更有韧性，增强抗打击能力。孩子，落选了，反省自己，与人为善，有一颗宽容的心、进取的心，鲜花、掌声、机会总会属于你的。

四　孩子，管好自己的手

镜头回放

班里总少东西，今天少支笔，明天少本本子，好几个同学丢了橡皮，有的还丢了书。真是奇怪，也不是稀罕东西，谁在作怪呢?

让大家举报是谁干的，大家你看看我，我看看你，谁也说不准。没办法让大家提高警惕，尽快把这个同学揪出来。终于，有同学发现了，物证人证俱在，证明了这件事就是你干的。找到你，晓之以理动之以情地谈了一番话，你终于放下了思想的包袱，承认了。

老师的话

亲爱的孩子，老师答应为你保密。每个人都会犯错误，不管什么错误，犯了改正了就是好孩子。人无完人，谁能没错？犯错误不可怕，可怕的是不能承认错误，不能及时改正错误；可怕的是犯了小错再一步步铸成大错，悔恨一生。小孩子不懂事，犯的错误也不是致命的，所以也没有可大惊小怪的，你说是不是呢？

我们班丢的那些本子、笔、书，你拿回去，你说有的是因为你喜欢，有的是因为你没有，有的纯粹是借用而忘了还，不管哪种理由，最后的结果是人家找不到这些东西了。你有没有这样的经历——你出门在外想要坐车回家，这时你发现你的钱包丢了，连乘车的钱也没有，你因此坐不了车回不了家，这时你是什么心情？想一想，你就知道人家丢了东西的心情了。

孩子，自己没带学习用品可以借，借东西没有错，借东西有借有还，再借不难，无可厚非，同学之间互帮互助是应该的。可是当别人找这个东西找不着，问你的时候，你为什么不能承认是自己借了呢？

如果家里困难，买不起这个用品，可以跟老师反映。贵重的东西我们学习上肯定不需要，一般的学习用品老师给你买上也无所谓。如果是家里贫穷，确实需要帮助，我们还可以申请全班全校为你捐款。贫穷不是错，不是你的错，也不是你爸爸妈妈的错，小时候穷也没什么，就怕自己不争气，穷一辈子，你说是吧？

孩子，如果你是因为喜欢，拿了人家的这个东西，那就是你的错了。有很多东西我们会一见就喜欢。如果你逛商店，商店里陈列着很多东西，吃的玩的用的，五颜六色，五花八门，我们都喜欢，那怎么办？顺手牵羊？还没等你走出商店大门，监控录像拍摄下来，保安就会揪出你来，惯你以“小偷”的名义。我们都知道这么一句话：“小时候偷针，长大偷银。”别人会用一种什么眼光看你呢？从此以后，是不是时时处处防着你，躲着你呢？那些商品再好，终究不是我们的，你可以看，不厌其烦、爱不释手地看，看一顿也就没什么稀奇了，然后走开。如果你真的喜欢，手头又没有钱买它，那你就把得到它作为你的小目标，为了它而努力学习，或者用劳动挣来钱，等你挣了钱你就有能力去买它了。

老师为什么强调用劳动挣钱买回来呢？父母的钱挣得再多也是来之不易，要养家糊口，要供你吃穿上学。如果你学习需要，那你的要求一定合情合理，父母一定会努力给你买。但如果只是好看、好玩或好吃，只是因为你喜欢，而且你喜欢的东西又太多，父母能一一给你买回来吗？答案是否定的。等你自己有钱了，你还是喜欢，那么你可以买，相信那个时候你会反复地衡量：自己付出的劳动挣来的这些钱，买了这个东西值得吗？有句话说，不当家不知柴米油盐贵，你尝到了自己挣钱的艰辛，你才会精打细算，知道什么该买什么不该买了。

孩子，班里同学中可能有各种各样的笔或其他小玩意儿让你喜欢，告诉自己那是别人的，管好自己的手，别人的东西不去动。

五　孩子，别东施效颦

镜头回放

同学们都说你酷，有个性有品味，你是很多女生喜欢的类型。看你的发型、穿的衣服，根本不像个小学生，而且还有人告诉我，你随身带着手机。找你谈话，让你把头发理得短一点，你答应，但就是不肯去理，一拖再拖。问你衣服是自己买的吗，你说是。那么爸爸妈妈为什么让你自己买呢？你说他们没时间。其实我知道不是他们没时间，一定是他们买的你看不上。

老师的话

亲爱的孩子，现在“酷”是个时髦词，大家都在说酷，好像大家都喜欢酷。前几年有些小青年的牛仔裤窟窿眼儿的，半新不旧的，说那就是酷；姑娘们穿低腰裤，稍一弯腰一举手就露出了后面的腰，说那就是酷；染各种颜色、烫各种样式的头发，说那就是酷；大长毛衣外面套个小外套，说那就是酷。总之，青年们的酷，让我这个老师，这个还没到中年的老青年，有时感叹自己跟不上时代的步伐，很“老土”。

孩子，爱美之心人皆有之，可是不能光追求外表。上面老师罗列的这些，不都是我们所看到的外表的“酷”吗？如果调查一下：他们学历如何？贡献怎样？有无特长？收入多少？几人是大学生？又有几位硕士博士？答案一定让你大失所望。一个人一味追求外表，不注重内在修养和素质的提高，他能酷多久？花着有限的几个钱，能酷到何时？青春才有几天？等不再年轻，他还有什么资本酷？

孩子，我们现在是小学生，即使你要酷也要等到你参加工作以后吧。现在我们的任务是什么呢？你把目光把精力花在“酷”的方面，能有心思好好学习吗？如果把全班同学的学习、特长、能力综合起来排名的话，你估计能排在第几名呢？那些排在前几名的是不是穿戴普通，却积极向上的同学？孩子，不要被影视明星倡导的时尚，不要被社会流行的时尚误导你。说实话，他们倡导的不是给我们小学生看的，社会流行的也不是要我们小学生去学的。

手机是一种现代化的通讯工具，大人之间有各种业务联系，哪怕只是聊天用，那是大人的事情，我们小孩子有必要拿个手机吗？看时间？你珍惜时间吗？每个教室里都有钟表，还有上下课的铃声。发短信？你给谁发？要和谁交流不能面对面？我们同学天天在一起。上网？在校有时间上网吗？上网要查阅资料吗？

孩子，父母供你吃穿，你花着父母的钱，没有资格挑吃挑穿。你要穿出自己的个性、风格，但别忘了你的身份，你只是个小学生。《小学生守则》明确规定“小学生穿戴要大方得体”。理着一个小寸头或小分头，穿戴整洁，清清爽爽，好好学习，积极参加活动，生龙活虎，朝气蓬勃，健康向上，老师高兴，家长高兴，难道你自己不高兴吗？

如果你真想有自己的“个性”“品味”，要流行，那等你学有所成，等你自己有能力挣钱的时候，拿着自己的劳动所得你再去酷。那时，哪怕你拿个上万的花样手机，谁又能说你什么呢？而且等到你确实学有所成的时候，你会对“个性”“品味”有全新的深刻的理解认识。

孩子，我们学过《东施效颦》这个寓言故事，别做东施惹人耻笑。可能你现在以为被个别同学喜欢、羡慕，你得意洋洋甚至飘飘然。那你就错了，那是他们不懂得什么是真正的美，他们像你一样也是被外表的“酷”所迷惑。社会上、生活中有五花八门的东西和诱惑，它们并不都是美的好的，我们要有一定的知识储备，要有一定的自制力，要有一双慧眼，能分辨真伪，抵制诱惑，不去轻易模仿。孩子，清醒吧，别等到别人学有所成的时候，事业有成的时候，你却成了被耻笑被同情的对象。

六　孩子，不听老人言，吃亏在眼前

镜头回放

下课后和你们闲聊时，说起家长的话题你们总是耿耿于怀，对爸爸妈妈一肚子意见。有的说我妈妈一进门没别的，就是：你作业写完了？看书学习去。有的说，我妈妈老是说她是多么多么不容易，让我好好学习，长大找个好工作，别像她那样。有的说我要玩个游戏什么的，爸爸就是不让，说什么耽误学习。有的说我妈妈就别提了，除了老师布置的作业，还要给我布置别的作业。唉，看看孩子们，你们简直一个“烦”字了得。

老师的话

亲爱的孩子，我们的爷爷奶奶辈的人，有多少当年想上学却上不起，吃了一辈子没有文化的苦。

我的父亲兄弟四个，他是老大，小时候一边干着活一边读着书，总算上了八年学，从三十岁开始，当了多半辈子的建筑技术员，写写画画算算，没出过多少苦力。三叔读到初中，当兵谋出路去了，后来发展得也还不错。小叔读到高中，因为英语偏科太差，没考上大学，也进了建筑行业，比父亲强，后来自学培训，当上了工程师。单单委屈了二叔和小姑，他们两人一天学没有上。二叔虽说干的也是建筑活，但做了一辈子泥瓦匠，应该算是出苦力的人，小姑是地道的农村家庭妇女。

难道是爷爷奶奶不爱二叔和小姑？答案当然是否定的，哪个父母不是发自肺腑地想让孩子好？当时除了眼光的问题外，关键是穷啊！

每个父母最爱的就是他们的孩子，他们对你们说的话，都是当年他们曾经吃的亏、受的苦，他们不想让你们再走他们的老路，不想让你们再吃他们曾经吃过的苦，所以对你苦口婆心地说教，甚至打骂。现在生活好了，没有因为穷上不起学的，但也有很多当父亲的，小时候因为调皮捣蛋不好好学习，长大后吃了没文化的苦，他们对孩子特别严格。而你现在能理解他们吗？

再看看家长给孩子们报的各种辅助班，有的甚至从幼儿园就开始培养，说什么不能让孩子输在起跑线上。美术班、舞蹈班、英语班、围棋班、跆拳道班，只要孩子喜欢，有的甚至孩子不喜欢也报。周六周日，家长中要有一个人专门接送孩子上这些辅导班，有的家长自己工作忙，孩子的爷爷奶奶亲自上阵。孩子，你说哪个父母不是全力以赴地为了孩子呢?

老师小时候喜欢看书，但那时家里穷，书稀罕，班里流行“换书”看，有课外书的同学相互换着看。自己没有更多课外书和别人换，所以当时看的书不多。书到用时方恨少，现在这种感受越来越强烈，所以老师特别希望自己的女儿，也希望你们——我的学生能喜欢读书，多读书。我想法设法地给女儿买书、借书，有空就带她逛书店，给她一个单独的书橱，床头给她放上书，就是为了让她在浩瀚的书海里自由畅游，让浓浓的书香熏陶她。孩子，你说一个母亲是不是用心良苦?

有这么一句话，不听老人言，吃亏在眼前。孩子，你们的爸爸妈妈还算不上老人，但他们是长辈，他们每天都在叮嘱你们，可你们却总是当耳旁风，甚至心烦意乱。现在你们的眼界越来越开阔，可能爸爸妈妈的眼光跟不上时代的步伐，可能他们的话、他们的观点有其时代局限性，甚至存在一定的偏见，但他们的真心你们是不是能够理解、体谅呢？对于爸爸妈妈的意见，当你不能接受的时候，老师希望你能冷静地对待，毕竟没有一个爸爸妈妈会想伤害自己的孩子。你可以和爸爸妈妈交流沟通，和家里其他的大人交流沟通，和老师、同学、朋友交流沟通，这样经过别人有意无意地点拨，相信你会茅塞顿开，豁然开朗。孩子，别等到你理解的那天，你已青春不再；别等到你理解的那天，你已经做了爸爸妈妈，想听想改也来不及了，于是又转到了你的孩子烦你的尴尬境地。

孩子，爸爸妈妈是最爱我们的人，不要排斥他们的帮助教导，他们爱我们，是我们人生的导师。

七　孩子，时光飞逝，光阴如梭

镜头回放

还有几天你们就要小学毕业，踏进中学的大门了，这几天你们纷纷拿着自己精美的留言册让我签名留言。几乎在每个同学的本子上，我都写了几句雷同的话：珍惜时间，珍惜友谊。

想想这几年，我们有那么多快乐时光，也有那么多烦恼和打打闹闹。那么多同学认真听讲，认真写作业，成绩优异，常常受表扬，而也有好几个同学多少次不写作业，经常被批评教育，可还是屡教不改；让你们写想象作文《二十年后的我》《三十年后的我》，不管作文水平高低，你们驰骋想象：机器人代替了人类的体力劳动，自己上了宇宙飞船，飞上了太空，在月球上生活……

老师的话

亲爱的孩子，到现在我还清楚地记得，我当年上四年级的时候，我的老师让我们写《二十年后的我》或者《三十年后的我》。当时的我们如同现在的你们，把一切想得太美好、太神奇，也是太空宇宙飞船之类，还有机器人为我们全方位服务，我们很多人成了科学家。当时总觉得二十年后、三十年后是那么遥远，可一晃，不知不觉中已经步入二十年后、三十年后的今天，只是我没有上过宇宙飞船，也没有成为科学家。还记得 1996 年 7 月 1 日，学校大门口展出了一个迎接香港回归的倒计时牌，又一晃，香港回归已经十多年了。

时光飞逝，光阴如梭，可能你现在还体会不到时间的无情。老师小时候也曾经以为时间很长，长大还早，可是转眼已经人到中年，孩子也快和你们差不多大了。不知何时皱纹已爬上眼角，穿个衣服都要考虑是否孩子气。时光催人老啊！

孩子，时光飞逝，光阴如梭。刚歇完周六和周日一眨眼又到了周一，在忙忙碌碌中不知不觉又到了周五。刚刚还热得受不了，可不知不觉中夏天过完了，天冷了，冬天又来了。刚过完冬天，不知不觉中天又暖和起来，夏天来了。刚刚吃过年夜饭，过完了新年，不知不觉中又要放寒假迎接新年。总是撵不上岁月的脚步。

"洗手的时候，日子从水盆里过去；吃饭的时候，日子从饭碗里过去；默默时，便从凝然的双眼前过去。我觉察他去的匆匆了，伸出手遮挽时，他又从遮挽着的手边过去，天黑时，我躺在床上，他便伶伶俐俐地从我身上跨过，从我脚边飞去了。等我睁开眼和太阳再见，这算又溜走了一日。我掩着面叹息。但是新来的日子的影儿又开始在叹息里闪过了。"

朱自清的散文《匆匆》令多少人感慨万千啊！孩子，不管我们此时此刻在做着什么，时光总是悄悄地从我们身边溜走，无声无息。

还记得《时光老人和流浪汉》这个故事吗？流浪汉痛哭流涕："我少年时代玩玻璃球，青年时代玩电子游戏，中年时代打麻将，家产都败光啦！如今我一无所有，我真后悔呀！"时光老人又重新给了他一个青春，可是他还是虚度光阴。他仍然按老样子生活，玩电子游戏，打麻将……到了老年，他又懊悔地哭了起来。

孩子，"莫等闲，白了少年头，空悲切。""少壮不努力，老大徒伤悲。"让我们时常背一背这些经典名言，给自己敲敲警钟，珍惜大好时光吧。

后 记

女儿乖巧懂事，心地善良，全面发展，是个好孩子。可是，可能我对她的期望太高了，望女成凤的心太迫切了，渐渐地常常因为一些小事责怪她、训斥她，冷静之后和她又是一番推心置腹的长谈。在她上四年级的时候，我们的“战争”升级。

那时因为中午放学后大部分学生不回家，学校规定班主任必须在校看班，其实相当于免费托管。一个中午我心血来潮，看班的空隙把与女儿长谈的一次内容写了下来，晚上读给女儿听，她好像有点儿感动。于是，一鼓作气，中午写，晚上写，甚至写到凌晨，一肚子话一股脑地竹筒倒豆子一样，而且写得情真意切，自己都被感动着。很快，一个月后完稿。这期间常常写一篇给女儿读一篇，或者让她看一篇，女儿指指点点，有时赞同，有时撇嘴，有时和我理论几句。尽管这样，似乎觉得女儿比以前更懂事了。是我的一篇篇小短文打动了她，她体会到了我的良苦用心，收到奇效了吗？有点点成就感，甚至飘飘然。

很快，冷静过后，好像少了点什么似的。灵机一动，工作了十多年，一届届学生总有这样那样的共性，和他们也常常是晓之以理动之以情，苦口婆心地做思想工作。为什么不写下来呢？于是又用了一个多月的时间整理出来下篇《老师的话》。这样上下篇合而为一，成了今天的《妈妈的话，老师的话：孩子受用一生的珍贵礼物》。

这本书因为种种原因搁置了三年多的时间，曾经打算等到女儿名牌大学毕业、功成名就的时候出版。曾经我们一家人憧憬幻想着那个美好的时刻，记者采访，鲜花掌声，但是回到现实中来，难道非要考上名牌大学才是成功吗？怎么算功成名就？经过几番思想斗争，终于决定出版。

今天清样排出来了，闻着淡淡的书香，想想它的来之不易，在此，我要郑重地感谢两位恩人，是他们的鼎力相助、热情鼓励和支持，我才有勇气将它交给出版社，下决心让它面世。

第一位是李从雁老师。她是我的挚友，我们交往已有十九个年头，是久经考验的战友。可以说我的点点滴滴的成长，都离不开她的指导帮助，不管是我小小的得意还是失意，总是第一个向她诉说，她总是快乐着我的快乐，也耐心地为我指点迷津。这本书写作过程中和完稿后，是她第一个也是一直在赞不绝口，让我有信心整理出版它。

又是李老师帮助我，为我引荐了当年她的恩师——局教科所吴常强老师。

吴老师是早年的山师大高材生，学富五车，爱好古典文学，自己著书立说多部。

吴老师堪称我的恩师。见到他的时候，他二话没说，留下我的底稿，一个星期后便让我去取稿。吴老师每篇都给我过了一遍，连标点符号都用修改符号修改了。此外，稿子上还写着几小段话，那是些非常宝贵的建议。可见吴老师渊博的学识和严谨的治学态度，确实令人敬佩。

出版前，当我再一次翻阅吴老师批阅过的底稿时，心底涌动着一阵阵暖流。对李老师，对吴老师，我不胜感激！

我深知这本书水平有限，但却饱含着我对孩子们浓浓的深情。希望孩子们读后，能得到一点点启示，做得越来越好，也希望孩子们能拿起笔，给爸爸妈妈或者给老师写一封信，说说你们的心里话。

最后，衷心地希望大家能喜欢这本书，也衷心地祝福大家越来越好。

图书在版编目（CIP）数据

妈妈的话，老师的话：孩子受用一生的珍贵礼物 / 臧彩英著 .——青岛：中国海洋大学出版社，2014.4

ISBN 978-7-5670-0564-8

Ⅰ.①妈… Ⅱ.①臧… Ⅲ.①儿童教育 Ⅳ.①G61

中国版本图书馆 CIP 数据核字 (2014) 第 051653 号

书　　名　妈妈的话，老师的话：孩子受用一生的珍贵礼物

出版发行　中国海洋大学出版社

出 版 人　杨立敏

社　　址　青岛市香港东路 23 号　　**邮政编码**　266071

网　　址　http：//www.ouc-press.com

电子信箱　1922305382@qq.com

订购电话　0532-82032573（传真）

责任编辑　邵成军　　**电　　话**　0532-85902533

印　　制　青岛双星华信印刷有限公司

版　　次　2014 年 4 月第 1 版

印　　次　2014 年 4 月第 1 次印刷

成品尺寸　170mm×230mm

印　　张　14.25

字　　数　150 千

定　　价　27.00 元